ベールを脱いだカッパ、座敷わらし、おしらさま

高次元語《かた》り部《べ》
ドクタードルフィンの
【遠野物語】

88次元 Fa-A
ドクタードルフィン
松久 正

ヒカルランド

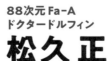

私は、昔話とか、
おとぎ話とか、
神話に出てくる登場人物や動物は、
皆さんの意識が上がった時点において、
実は本当に実在しているんだということを、
この本で伝えたいのです。

皆さんの頭に浮かび上がることができたものは、
既に存在している宇宙が
あなたのすぐそばにあるのです。
だから、想像できたものは全部存在している
ということを、これからの時代は
取り入れていくことがすごく大切です。
それによってあなたの人生が豊かになります。

歴史上の人物が伝えてきたメッセージは
すごく重要だし、すばらしいですが、
それ以上に、
実際に存在するかどうかわからない、
皆さんが架空の存在だと
思っているようなものからの
メッセージのほうが、
次元が高いのです。

昔話とか神話に出てくる存在のメッセージは、
人間の集合意識レベルを超えるので、
これからの人間が生まれ変わって
新しい世の中を生きていくには、
非常に重要になる
ということが言えるわけです。

私は、本当のことだから、堂々と言うのですが、
この地球のエネルギー分布は、
ドクタードルフィンか、
ドクタードルフィン以外に区分されます。
私はそれぐらい飛び抜けていて、
誰も理解できないからついてこられなくて、
寂しかったのですが、
今ようやくちょっと楽しくなってきました。

イラスト　井塚　剛
デザイン　三瓶可南子
校正　麦秋アートセンター

高次元語り部　ドクタードルフィンの【遠野物語】　目次

Section 1

カッパ、座敷わらし、おしらさまの高次元語《かた》り部《べ》メッセージ

Section 2 人類よりも昔話の次元のほうが高くなった!?

Section 1

カッパ、座敷わらし、おしらさまの高次元語《かた》り部《べ》メッセージ

オンライン講演
ドクタードルフィン 松久 正
高次元語《かた》り部《べ》 in 遠野
（2020年９月26日）

Part 1
昔話の聖地遠野で昔話の「異次元」の扉を開く

昔話の聖地遠野リトリート、オンライン語《かた》り部《べ》講演会ご参加の皆さん、こんばんは。きょうは、遠野から皆さんにとても役に立つお話をしたいと思います。

私、ドクタードルフィンは年をとりまして、オバアになりました。きょうは語り部のおばあさんの姿でお話しします。

今までの世は、普通の常識と考え方じゃ。人間は大して進化しなかったんじゃな。

きょう、わし、ドクタードルフィンは、人類の進化と成長に最も必要な昔話の異次元の扉を開いたんじゃ。

昔話をバカにしてはならぬぞ。

昔話にこそ、あなた方に本当に必要なものがあるんじゃな。しっかりとお聞きなされ。

きょうは、昔話の聖地遠野で代表的なお話を三つしたいと思う。

遠野では、語り部のおば様方がいろいろお話をするんじゃが、わしはそれをさらに高次元化して、その内容をもっと宇宙的に掘り下げて、皆に伝えたいと思っておるわけじゃ。

きょう、わし、ドクタードルフィンは、
人類の進化と成長に最も必要な昔話の
異次元の扉を開いたんじゃ。
昔話をバカにしてはならぬぞ。
昔話にこそ、
あなた方に本当に必要なものがあるんじゃな。

Part 2

カッパ淵

きょう、わしは昼間にカッパ淵に行ってきたぞな。
カッパが住んでいると言われる沼のカッパ淵じゃ。
キュウリでカッパを釣ったけれども、釣れなかった。
カッパはなかなか姿をあらわさん。
カッパ淵というお話じゃ。

昔々あったずもな。
高次元、宇宙の星からやってきたカッパは、人間のことにとても興味があったわけじゃな。

自分と違う姿の人間。

だから、お友達になりたかったんじゃがの、人間どもは自分と形が違うから、なかなか仲よくしてくれないんじゃな。

どうしても人間の興味を引きたいがために、人間にちょっかいを出し、いたずらばかりしておった。

カッパは寂しかったんじゃな。

遠野には、自分の家で馬を飼っている曲り家という家がいっぱいあっての、ある村人が曲り家から馬を連れて小川に行ったんじゃ。

そして、何か用があったのか、馬を川辺につないで、村人の男はその場をしばし離れていた。

男が川に戻ってみると、馬がいない。

生活のためになる大事な馬じゃ。

高次元、宇宙の星からやってきたカッパは、
人間のことにとても興味があったわけじゃな。
自分と違う姿の人間。だから、
お友達になりたかったんじゃがの、
人間どもは自分と形が違うから、
なかなか仲よくしてくれないんじゃな。
どうしても人間の興味を引きたいが
ために、人間にちょっかいを出し、
いたずらばかりしておった。

ありゃ、どうしたことか。

大変驚いて、焦っていろいろ捜したけれども、どこにもおらぬ。

しようがないから、他の村人たちに捜してもらおうと思って、助けを求めに家に帰ったんじゃ。

曲り家の扉をあけて、いつも馬がいるところを見ると、何と、そこに馬がいたわけじゃ。

馬はハッハッと鼻息荒く、何か興奮している。

男はびっくりした。

さっき川辺で消えてしまった馬が、自分の家にいる。

馬屋の横に、川を渡る船が伏せて置いてあった。

そこから手みたいなものが出ている。

人間の手じゃないんじゃ。

「何だ！　これは」と船をひっくり返したら、カッパがいたわけじゃの。

どうやら、馬をつれて、家に一緒に来てしまったようじゃ。

子どものカッパで、そんなに大きくなかったらしいがの、馬の飼い主は「ワーッ！」とびっくり仰天した。

その騒ぎを聞いた村人たちが周囲から駆け寄ってきて、

「カッパだ。カッパだ」

「うちでもいたずらした」

「どこでもいたずらするんだ」

「殺してしまえ！」

と、大騒ぎになった。

そのとき、村では、カッパは悪者だ、自分たちの生活をおびやかす、いたずらする悪い生き物だ、見つけたら殺せということになっていた。

でも、船の下から出てきたカッパを見ると、しゃがみ込んで手を合わせて、

「ごめんなさい。許してくだされな。許してくだされな。二度とワルサはせぬ」

と必死で言っている。

馬の飼い主はかわいそうになって、村人たちに言ったわけじゃ。

「カッパのこの心に免じて、今回だけは逃がしてやってくれんか。今度やったら、そのときはお仕置きで、その場で命をとってしまう。けど、今回だけは見逃してやってくれんか」

と説得して、カッパ淵にカッパを連れていって、逃がしてやった。

カッパも相当反省したみたいじゃな。何よりも馬の飼い主の心の温かさと優しさ、情熱。

村人たちを全て敵に回しても自分を助けてくれたという飼い主の魂に触れたわけじゃ。

カッパ淵でひそかに暮らしていたカッパは、今は山の奥に行って、姿をあらわさぬようにしている。

だから、なかなかキュウリで釣れないわけじゃ。

今、カッパは人間を見守っているそうじゃ。

カッパは水の妖精で、水の神の仲間、龍の仲間じゃ。だから、雨の恩恵をもたらし、火事が起こったら消火する。

村に寺があるんじゃが、その寺が火事で燃えたとき、消火を助けたという話もあるぞな。

改心したカッパは、人間の生活の非常に力強い手助け、サポートになったわけじゃ。

どーんどはれ。

「どーんどはれ」は、遠野の語り部たちが昔話の最後に言う言葉じゃ。

Part 3
高次元のカッパ淵

ここで地球のお話は終わるわけじゃが、ドクタードルフィンの高次元語り部はここでは終わらぬぞや。

ここからが大事じゃ。

遠野の代々の語り部たちが方言で話すと、何を言っているか半分以上わからぬぞ。

しかし、彼らは魂で話すから、わしにはわかる。

ここでは、その話の裏にかくれた高次元の話を易《やさ》しく話してあげよう。

つまり、このカッパ淵の話が今の弥勒の世を生きようとする人類に教える大切なことは、こうじゃ。

みんなが、あいつは悪者だ、彼らはどうしようもない悪いやつだ、たたきのめせ、殺してしまえ、やっつけてしまえと思っている対象がたくさんいるのお。

世界の国同士でもある。

村同士でも、友達同士でもあるじゃろう。

それに対して高次元のカッパ淵の話は、今まで人間たちが、自分にはマイナスだ、ダメだ、必要でない、悪いやつだ、やっつけてしまえ、懲《こ》らしめてやれ、消してしまえと思っていたやつらほど、本当は味方になったら強いということじゃ。

地球で、生きる生命たちは、魂のレベルでは、誰も人にイヤなことをしたいとは思っていないんじゃ。

高次元のカッパ淵の話は、今まで人間たちが、
自分にはマイナスだ、ダメだ、
必要でない、悪いやつだ、
やっつけてしまえ、懲らしめてやれ、
消してしまえと思っていた
やつらほど、本当は味方になったら
強いということじゃ。

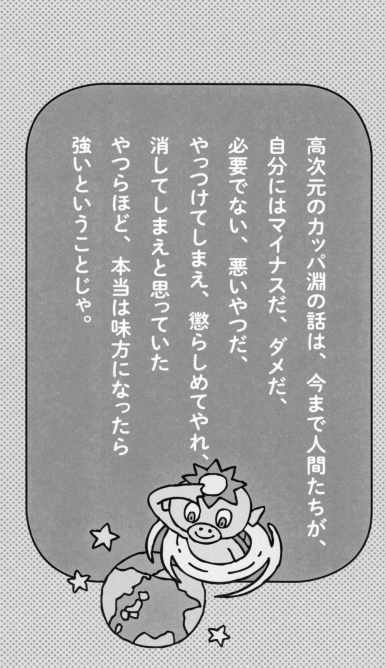

誰も悪いことをしたいとは思っていないんじゃ。そういうせざるを得ない環境があるだけじゃ。

だから、これから皆さんが高次元の弥勒の世を生きるには、悪いやつでも、まずは受け入れて、そいつはそうしないと生きていけないんだということを認めて、大変だったなと許してやるということじゃありませぬかのお。

非常にシンプルなことだけれども、ここに人類が今の壁を打ち破って、一つの枠を超えて、進化・成長するための大きなヒントがあるわけじゃ。

つまり、今までどうしようもない悪者、寄せつけたくないと思っていたどんなものでも、あなたさんの懐《ふところ》に一度入れてみなさったらいかがかなと、高次元オバアのドクタードルフィンは申しているということじゃぞや。

つまり、彼らはいつも悪者だと言われ、打たれて、反発することに慣

つまり、今までどうしようもない悪者じゃ、
寄せつけたくないと思っていた
どんなものでも、
あなたさんの懐に
一度入れてみなさったらいかがかなと、
高次元オババアのドクタードルフィンは
申しているということじゃぞや。

れているんじゃが、カッパ淵の話の馬の飼い主のように、自分だけは全て受け入れて、何か違うところで見てやる。

カッパを許してやるという気持ちが、あなたさんにおありかな。

人間さんも、自分の生活や自分の家族のことで精いっぱいじゃ。

許すという余裕はないぞな。

しかしながら、カッパも一生懸命生きているわけじゃ。

自分はこんな姿で生まれたくなかったのに生まれて、人間とは仲よくできない。

どうして自分はみんなとお友達になれないんじゃ、ご飯も食べられないんじゃと思っている。

実はカッパは、カッパ淵に馬を引き入れて、食べてしまおうと思ったらしいんじゃ。だけど、馬の力が強いから、馬に引きずられて曲り家まで連れていかれたという話だったずもな。

つまり、カッパは人間様に対してちょっといたずらをしたわけじゃ。イルミナティ、フリーメイソンは悪いものだ、北朝鮮、ロシアは悪いものだ、中国は悪いと、みんなが悪く言って、潰《つぶ》そうとしている。

高次元のドクタードルフィン松久正がオバアとなって、みんなに伝えたいのは、あんたもそのレベルに乗っかっているのかと嘆いているんじゃ。

彼らが何でそういう行動をとるのか。彼らも精いっぱい生きるため、身を守るためじゃ。

それを受け入れて愛と感謝で包んでやれば、彼らは変わるぞな。

カッパが変わったように。

これが高次元のカッパ淵のお話じゃ。

どーんどはれ。

昔話を単なる昔話として聞くんじゃなくて、その奥に秘められたこと

昔話を単なる昔話として聞くんじゃなくて、
その奥に秘められたことを
探ってほしい。昔話は
ただのつくり話ではないんじゃ。
本当は我々が宇宙から学ぶべき
エッセンスがたっぷりの物語なんじゃ。

を探ってほしい。

昔話はただのつくり話ではないんじゃ。

本当は我々が宇宙から学ぶべきエッセンスがたっぷりの物語なんじゃ。

それが代々伝えられてきたのに、だんだんただの昔話になって、いいかげんなもので終わっているが、その大もとには、我々が一番知らなければいけないものがあるということを知ってほしいわけじゃぞや。

Part 4
座敷わらし

二つ目は、座敷わらしのお話をしたいと思うんじゃ。

座敷わらしにも、皆さんが知るべき高次元の教えがあるんじゃ。

座敷わらしを、人間の皆さん方はどの程度知っているか、わしは知らぬが、わしの推測では、座敷わらしは、ある家に住み着くと、その家を裕福にしたり、成功させたり、うまくいくようにサポートする妖怪というか、異次元の存在だと思っていらっしゃる。

それで合っているんじゃがの。

きょう、昼間、わしは遠野にある民宿「とおの」に行ってまいりましたわな。

ご主人に、「この部屋はよく出るんです。男の子と女の子が一体ずつです」と案内していただいた。

そこでDNAのエネルギーをリーディングすると、男の子と女の子が一人ずつ立っている場所がわかりましたぞ。

ビリビリときた。私をお出迎えしてくれた。

昔々あったずもな。

ある村の長者さん（お金持ち）は、何十代と栄えた昔からの名門の家であったずもな。

村では、その長者さんの家には座敷わらしが住んでいるんだろうといろんなところで噂されていた。

あるとき、隣村に住むあるオジイが道を歩いていると、長者さんが住んでいる村から隣村にかかっている橋を、二人の女の子（わらべ）が歩いてきた。

隣村のオジイは不思議に思って、そのわらべたちに声をかけたそうだ。

「あんた方、ここら辺では見ないわらべたちじゃのお。どこの子じゃ」

と言ったところ、隣村の有名な長者さんの名前を出した。

「〇〇さんの家から今、出てきたところでござんす」と、二人が声を合わせて言ったそうじゃ。

でも、そんな子どもは今まで見たことがないし、そんな子どもがいるとも聞いていなかった。

これは座敷わらしじゃなと、その隣村のオジイはピンときたそうじゃ。

「おまえさんたちは、この橋を渡って村から出て、どこへ行くんじゃ」

と聞くと、オジイの村に住んでいる△△家という名前を出したんじゃ。

その家の住人は、質素に暮らしているが、本当に正直者で、純粋な人たちだった。

オジイは、この座敷わらしたちは長者の家を出て、隣村の正直者で純粋なあの人の家に行くんじゃなとわかったそうな。

でも、座敷わらしが去ったというのは大変な話だ。

大騒ぎになるから、ずっと黙っていたずもな。

次の年になると、その長者の家にいろいろ不吉なことが起こってきた。

その長者は人徳のある人じゃったが、ある日、長者の家に雇われていた人たちが山でヘビを見つけた。

長者は、ヘビは神の化身だ、殺しちゃいけないと言っていたのに、使用人たちは殺してしまった。

自分の非ではない。

宇宙の采配というか、自分の力ではどうしようもないところなんじゃが、やはり自分のエネルギーが乱れたら、自分が使っている人たちも乱れるということかのお。

その少し後、山の木の幹に、見たことのないうまそうなキノコが出た。

長者さんは
「食べてはダメだ。これは毒キノコだ」

と言ったにもかかわらず、使用人が料理して食べてしまい、ほとんど死んでしまったんじゃ。

長者さんも死んじゃって、7歳になる女の子だけが残った。

その女の子もある人に連れられていったけれども、長く生きなかったずもな。

やはり座敷わらしが出ていったことで、その家は衰退の一途をたどった。座敷わらしが行った隣村の家はいまだに栄えているずもな。

どーんどはれ。

Part 5
高次元の座敷わらし

地球ではこれでお話が終わるんじゃが、ドクタードルフィン松久正のオバアは高次元語り部じゃ。

ここでは終わらせない。

遠野のいろんな人に、座敷わらしはどういう家に住みつくんだとか、どういう家に行くんだとか、どういう役割があるんだとか、どういうときに去るんだとか聞いても、誰も答えられない。

そこで私が高次元の本当の座敷わらしとつながった。

私はきょう、カッパも座敷わらしも開いたから、彼らの意識とつながってお伝えしているわけじゃ。

いいかい、人間様たちよ、座敷わらしは、目に見えないものを大切にする。地球では、ウソをつかないとか正直者を心が純粋だと言うけど、宇宙的、高次元的純粋は、三次元の目に見える世界にとらわれずに、自分の直感でとらえること、喜怒哀楽を本当に純粋に感じることができる人、目に見えないものを大切にできる人になりなさい。

座敷わらしは、そういうものが大好きなんじゃ。

高次元の話をすると、座敷わらしは実はシリウス系※なんじゃ。

※愛と調和のエネルギーを有する社会からなる星

これは世界で初めてわしが言うことじゃ。

シリウスの愛と調和を持って来ている。そして、大人より子どものほうが純粋なんじゃ。

高次元の話をすると、座敷わらしは
実はシリウス系なんじゃ。
これは世界で初めて
わしが言うことじゃ。
シリウスの愛と調和を
持って来ている。そして、
大人より子どものほうが純粋なんじゃ。

大人になれば、人間は余計な知識と情報を植えつけられて、こうあるべき、こうなるべきと周りの目ばかり気にして、純粋に生きずに濁って生きて、自分の保身ばかりで心が真っ黒にすすけている。

彼らは、世直し人なんじゃ。

今まさに私が弥勒の世を開いて、世直しが起こっているときに、彼らの役割がすごく大事になる。

きょう、昼間に行った民宿「とおの」の部屋で、ドクタードルフィンが二人の座敷わらしのエネルギーを感じ取って、ご挨拶《あいさつ》してきましたぞ。

高次元語り部のドクタードルフィン松久正は、遠野で座敷わらしたちとお友達になったぞな。

ドクタードルフィンであるわしは地球人のお友達をつくるのは大変で、そんなことはしないがのお、異次元の彼らとお友達になるのは簡単じゃ。

つまり、彼らがどういう人間をこれから応援するかということが大切

高次元語り部のドクタードルフィン
松久正は、遠野で座敷わらしたちと
お友達になったぞな。
ドクタードルフィンであるわしは
地球人のお友達をつくるのは
大変で、
そんなことはしないがのお、
異次元の彼らとお友達になるのは簡単じゃ。

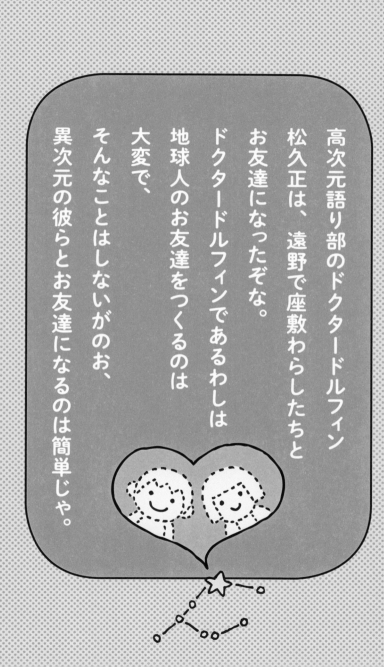

なんじゃ。

一番応援しないのは

「座敷わらし、いらっしゃい。俺のところに来て。おいで、おいで」

という人で、これは最悪じゃ。

座敷わらしは力ずくで呼び寄せるものではないんじゃ。

彼らが行きたいところに行くんじゃ。

これから高次元の弥勒の世になったら、彼らのエネルギーがすごく大切じゃぞ。

もうビジネス本とか成功本を読んでいる場合じゃない。

座敷わらしとお友達になることのほうがずっと大事じゃ。

彼らに好かれなさい。

彼らに好かれるには、純粋になりなさい。

魂のピュア。

これから高次元の弥勒の世になったら、
彼らのエネルギーが
すごく大切じゃぞ。
もうビジネス本とか成功本を
読んでいる場合じゃない。
座敷わらしとお友達に
なることのほうがずっと大事じゃ。
彼らに好かれなさい。

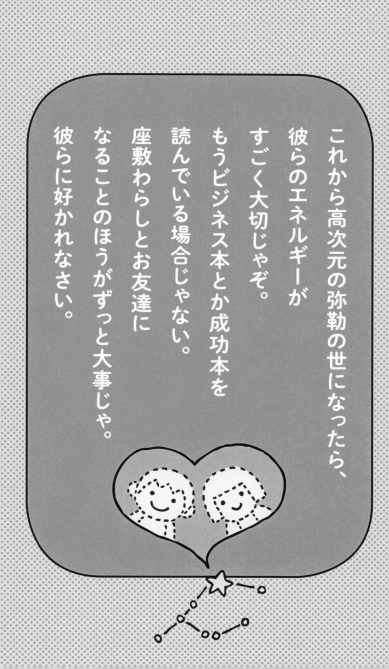

脳を使えば使うほど魂はピュアになれない。

どんどん濁ってくる。

脳は、それぐらい汚いものをため込んでしまうんじゃ。

脳を使わずに、人間はうれしいと思ったら、ずっとうれしいで行けばいいんじゃ。

周りから「うれしいと思うな。非常識だ」と言われても、自分がうれしければ、うれしい気持ちで突き抜けるんじゃ。

悲しければ悲しんでいたらいい。

周りが「もっと元気を出せ」と言っても、元気を出す必要はないんじゃ。

つまり、あなたがあなたをずっと生きる。

あなたがあなたであれば、植物にも、動物にも、昆虫にも優しくなれるんじゃよ。

つまり、
あなたがあなたをずっと生きる。
あなたがあなたであれば、
植物にも、動物にも、昆虫にも
優しくなれるんじゃよ。
人間様たちよ、座敷わらしは、
そういう人を応援するんじゃ。

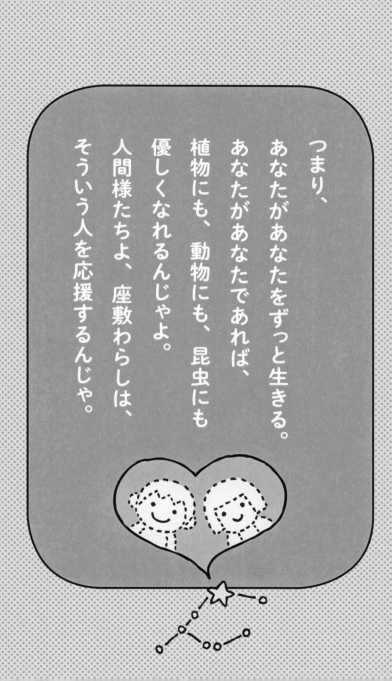

人間様たちよ、座敷わらしは、そういう人を応援するんじゃ。

座敷わらしがあなたの家に入ったら、あなたは何をやってもいつの間にかうまくいっている。

座敷わらしに限らず、シリウス系の目に見えない存在たちは、本当に愛と調和で純粋に生きている人間を応援するぞや。

そこが肝心じゃ。

3次元の遠野で語り継がれてきた座敷わらしの話では、長者さんはすごく心の純粋な非常に優しい人だった。

厳しいところもあったと思うが、純粋な心を持っていた。

使用人たちも最初は平和だった。

しかし、やはりいろんな要素があるぞな。

長者さん自身の魂の面で少し緩《ゆる》みが出て、エネルギーを乱してしまったのかもしれない。

宇宙から持ってきたもともとのシナリオだったかもしれない。

使用人たちが乱れてきたということは、雇い主のエネルギーじゃ。

ここで大事なことを教えているのは、使用人が悪くて、使っている長者さんは悪くないということではない。

使用人が乱れるということは、そのトップの人間のエネルギーが乱れているということじゃ。

つまり、エネルギーは共鳴するということを教えているわけじゃ。

もう一つ大事なのは、座敷わらしはその家を出るときに姿を見せるそうじゃ。

それまではエネルギー体でいて、姿をあらわさない。

最後にあらわれる。本当に目に見えない存在たちがいつも自分を応援してくれているんじゃ。

日本人は神様とか仏様といって、目に見えないものに手を合わせたり、祈ったりする習慣があるのお。

しかしながら、それはあくまでも習慣の問題で、例えばお葬式とか、四十九日とか、何かのときに手を合わせるだけで、ふだんの生活では、目に見えない世界はどこにあるんだ、どこにもないなと、目に見えるものだけを大事にしている。

目に見えないものというのは、ある人間が自分の悪口を言ったとしても、目に見えないエネルギーで本当は悪口でなく愛を届けてくれているとか、何か悪いことが起こっても、それを悪いことと捉えずに、エネルギー的には自分に何かいいことを起こすための一つのきっかけであると捉える。

簡単に言うと、もう一歩、先に歩いていたら車にひかれていたとか、違う電車に乗っていたら事故に遭っていたとかいうのも、全て目に見えないものが助けてくれているんだ。

私、ドクタードルフィンは、生まれたときに、病弱で、肺活量が少なくて、すぐ死ぬと言われていたのに生かされた。

この奇跡に、いつも感謝でいっぱいじゃ。

大人になってからも、山に登ったら息が切れて死ぬかと思ったが、生きて登れたとか、急に咳が出てとまらなくなって、失神してあの世に行きかけたのに、この世に戻ってきたときは、ああ、助けられたと感じる。

つまり、あなたが次の1秒も生きているという確信はどこにもないし、約束もない。

次の1秒に生きていたら、あなたは目に見えない何かに助けられて生き続けているんじゃ。

私、ドクタードルフィンが、今100%のエネルギーで目に見えない世界の本を書いたり、講演したら、みんなほとんどついてこられないぞな。

セーブしているから、ついてこられる。

私がかなりセーブすると、みんなの反応がいいが、直球で勝負するとほとんど誰も理解できない。

こんな悲しい世の中はそろそろ終わりにしなされ。

目に見える世界だけをやっているから、ついてこられないんじゃ。目に見えない世界は何でも可能になる。

あなたが生きていたら感謝しなされ。愛を送りなされ。

何かいいことがあったら、もちろん愛を送って感謝しなされ。

もっと大事なことは、うまくいかなくても、失敗したとしても、本当につらい体験をしたとしても、それも愛を送って感謝しなされ。

今まであなたたちは、つらいことは愛と感謝とは別にしていた。

でも、うまくいかないこと、悪いことが起きたときにも、自分は今、生きている、どん底だけど存在できている、息もできている、血も通っ

私、ドクタードルフィンが、今100％の
エネルギーで目に見えない世界の本を書いたり、
講演したら、みんなほとんどついてこられないぞな。
セーブしているから、ついてこられる。
私がかなりセーブすると、みんなの反応がいいが、
直球で勝負するとほとんど誰も理解できない。
こんな悲しい世の中はそろそろ終わりにしなされ。

ている、脳も心臓も生きている、腎臓も働いている。

こんな奇跡はないぞ。

生きたくても生きられない人がいっぱいいる中で、どんなどん底でも、脳が、心臓が、腎臓が動いている。

肝臓も毒を出している。

こんなことが毎秒毎秒続くという奇跡が起こって、あなたが存在している。

つまり、どんなどん底でも、どんな悪い状態でも、愛と感謝を送ってくだされ。

私、ドクタードルフィンの世界を学べば、目に見えない世界、どんな世界でも自分はやっていける、どんな世界でも自分を変えることができるということがきちっと受け止められるようになるのじゃ。

そういうときに、座敷わらしたちが「お邪魔しまーす」と、あなたの家にひょこっとやってくる。
座敷わらしがやってくると、何となく部屋が暖かくなったように感じると思う。
何となく心がほっとする。
生活が穏やかになる。
何となくもがかなくなる。
そういう繊細なエネルギーを大切にすることを彼らは教えているのじゃ。

Part 6
おしらさま

これも昔話の聖地・遠野で有名なお話じゃ。
おしらさま、聞いたことがあるかの。
この三次元の世に受け継がれている話だけでも、十分にいいお話じゃ。
それに高次元のお話を上乗せしてお伝えしたい。

昔々あったずもな。曲り家というL字形になっているお家は、遠野では今でも数多く残る昔からの伝統のお家じゃ。
L字の短いほうでは馬を飼って、長いほうでは人間が生活する。

馬と人間が一緒に住むという奇跡の空間が実現されているんじゃ。

ある村の大きな曲り家に住んでいた親子、両親と少女がいたずもな。

かわいらしい、器量のいいわらべで、馬が大好きじゃった。

最初はまだ若い子馬で、子どもの遊び相手にちょうどよかったずもな。

顔を寄せ合って「うんうん」と無邪気に笑ったり、馬にペロペロと顔をなめられてケラケラと笑ったり、馬が餌を食べているのを見てニコニコ笑ったり、それはそれは仲のいい馬と少女で、馬と一緒にいる時間のほうがずっと長かったずもな。

最初、両親はほほ笑ましく見ていたが、そのうち、あまりに馬と一緒にいてばかりで心配になって、

「そんなに馬といつも一緒にいないで、ほかのことをやったらどうなの」

と娘に語りかけると、

「うーうん、とと、かか、私はこのお馬とめおと（夫婦）になるのよ」

と言ったんじゃの。それは真剣なまなざしで。

娘が年ごろになると、器量がいいから村人から「お婿さんをもらいなさい」とか「嫁に行きなさい」とか、いいお話がいっぱい来ていたが、本人がイヤだと全部断ってしまう。

それで馬とめおとになると言うから、親は心配した。

これは本気だとわかった父親は、あるとき、荒れ狂ってしまって、娘がいない間に馬を馬屋から引きずり出して、家の庭にあった大きな桑の木に馬を吊り上げてしまった。

力強い父ちゃんだったんだのお。

娘のためとなれば、何馬力も出るかもしれんのお。

馬の皮をはいで殺してしまったそうじゃ。

かわいそうだったのお。

馬屋に行って馬がいないのを知った娘は、狂ったように「馬はどこ！」と探して、探して、ふと桑の木に目をやると、馬が垂れ下がって死んでいた。

そのときの娘の悲しさ。

奈落の底に落ちて、生きている意味もない、死んでしまいたいと思っても死ねないその無念さ。

馬を殺した父親は憎いけれども、自分が悪いことをしているとわかっているから、父親にそれをぶつけることができない無念さ。

娘が死んでしまった馬に抱きついて離れないものだから、父親はまた激怒して、馬の首を切ってしまった。

そうしたら、驚くべきことに、その娘は馬とともに穏やかに天に召されていったずもな。

父親が叫んでも戻ってこない。

馬を殺したために娘が天に召されてしまった。

許してやればよかったかなと父親は後悔し、母親は泣きじゃくる日々だった。

両親は眠れぬ夜を幾夜も過ごした。

ある夜、両親は同じ夢を見たずもな。

娘が夢枕に立って、

「お父さん、お母さん、私は親孝行ができない娘でごめんなされ。許してくだされ。そういう星のもとに生まれた私でございます。でも、馬と幸せにしているから心配しないでほしい」

と言った上で、こういったそうな。

「来年の3月14日になったら、馬がいた馬屋にある樽の中を見てくだされ。今まで見たことがない虫がたくさんいるから、驚かなくても大丈夫。その虫を取り出して、広い囲いをつくって、土とその虫を入れて、そこに馬を吊り下げた桑の木の葉っぱをいっぱい入れてくだされ。そうしたら、虫たちが喜んで桑の葉っぱをいっぱい食べまする。虫たちは、ある時期になると、白い囲いで自分の体を包みます。それが繭です。そうしたら、その繭から糸を引っ張って、その絹糸で着物をつくってくださ
い」

と、糸の取り出し方と絹の織り方も夢の中で全部教えたずもな。

翌朝、起きて、夫婦はこんな夢を見たと話し合うと、二人とも同じ夢でびっくりした。

3月14日が待ち切れなくて、毎晩、早く来ないかと祈る思いで待ったずもな。

3月14日に馬屋に行って樽の蓋をあけると、今まで見たことがない虫がいっぱいいいた。

夢で娘に言われたように、囲いに土と虫をいっぱい入れて、桑の葉を

持ってきて、大きく育てた。
そうしたら、繭をつくって、糸がいっぱいとれた。
絹を織ったら高く売れて、お父さんとお母さんは一生お金に困らず、
穏やかに幸福に暮らしたずもな。最高の親孝行だった。
どーんどはれ。

Part 7
高次元のおしらさま

すばらしいお話で。
馬の話を聞いただけでも私は感動しますが、それが繭につながって、絹糸になる。
それが日本のカイコの発祥だったという感動的なお話です。
それだけでもすばらしいのですが、そこに高次元の教えがあります。
人間の皆さんよ、これから弥勒の世になりますぞ。
人間たちだけでやっていてはいけませんぞ。
人間と馬、カイコなどの虫たち、みんな同じ命じゃ。

そこに高次元の教えがあります。
人間の皆さんよ、
これから弥勒の世になりますぞ。
人間たちだけで
やっていてはいけませんぞ。
人間と馬、カイコなどの虫たち、
みんな同じ命じゃ。

今までの常識と固定観念で、人間はこうあるべきだ、娘はこうあるべきだ、親はこうあるべきだだけではいけませんぞな。

これからの弥勒の世を幸福に生きるには、今までの自分が想像もしなかった視野で、自分の世界を取り囲んできた壁を全部壊しなさい。

怖くても大丈夫。

私ドクタードルフィンが今、穏やかな幸福な世の中をつくっています。

壁を壊しても怖いものは出てきません。

闇の勢力も、私をサポートする側につきますぞ。

遠野の家は、今もおしらさまを祀《まつ》っている家が多いずもな。

その亡くなった娘の頭と馬の頭を桑の木でつくって、二体の神様にしている。

人間と馬と結婚しなさいということではないぞや。

それは皆さん、おわかりのとおりじゃ。

これからの弥勒の世を幸福に生きるには、
今までの自分が想像もしなかった視野で、
自分の世界を取り囲んできた
壁を全部壊しなさい。
怖くても大丈夫。
私ドクタードルフィンが今、穏やかな
幸福な世の中をつくっています。

しかし、今までの常識と固定観念を破るところに、新しい愛の形、感謝の気持ち、優しさが生まれるということを高次元は伝えておる。

常識と固定観念を破った勇気、不安と恐怖を克服した勇気に、新しい文明とか、新しい技術とか、新しい知恵・情報が生まれるのじゃ。

ここまでは誰も話さないけれども、高次元語り部として語るおしらさまの物語は、弥勒の世は人間様たちの天下じゃないぞ、植物、昆虫、動物、山、海、全ての地球の生命たちのものだということじゃ。

自分の娘でも、自分のものではない。

娘の魂が望むことが一番大事だと親は知るべきじゃ。

自分の大切な人間を縛りつけるのではなくて、その人間が何を望むのか、何を求めているのか、何を幸福としているかということを大切にする。

心を開いて、自分の常識と固定観念を壊してやる。

そういう本当の愛と勇気の生き方をこの物語は教えているのじゃ。

高次元語り部、ドクタードルフィン松久正のオバアが語ってきたカッパの話、座敷わらしの話、馬と娘のおしらさまの話のほかにも、遠野の昔話はいろいろあるがのお、どれもこれも人間が一番知るべき真理がその奥に根を張っている。

今まで誰もそれに気づかず、上辺だけで話してきて、いいお話で終わっているがの、いやいや、今、地球社会にあるお話なんかより昔話のほうがどんなに力強いか、どんなにあなたを変える奇跡の力を持つか。

高次元語り部のオバアは、この語りを通して、囲炉裏《いろり》の炎が一度は消えかかろうとまた燃えてくるように、あなたの魂が消えようとまた燃えてくるように、どんな季節にも熱く熱く燃え続けるように、オバアの命が途切れても語り続けるぞや。

いつかあなたの魂が、生きていてよかった、この地球に生まれて私は

ここまでは誰も話さないけれども、
高次元語り部として語る
おしらさまの物語は、
弥勒の世は人間様たちの
天下じゃないぞ、植物、昆虫、
動物、山、海、全ての地球の
生命たちのものだということじゃ。

自分の娘でも、自分のものではない。
娘の魂が望むことが
一番大事だと親は知るべきじゃ。
自分の大切な人間を
縛りつけるのではなくて、
その人間が何を望むのか、何を求めて
いるのか、何を幸福としているか
ということを大切にする。

最高だった、愛と感謝に包まれた人生だったと言えるように、オバアは
遠野の地で熱く語ったのじゃ。
どーんどはれ。

Section 2

人類よりも昔話の次元のほうが高くなった!?

ドクタードルフィン 松久 正
高次元語り部 in 遠野
（追加取材）
（2020年12月 5 日）

Part 8
今このときに、どうして昔話をするのか

今、世の中は、とくに戦後の時代を経て、非常に便利になりました。

生活自体は非常に便利になって、昔のようにわざわざ人に会いに行かなくてもコミュニケーションできるようになったし、人から話を聞かなくても、何でも情報が入るようになりました。

ネットで情報がパッと入ってしまって、しかも、今の情報は新しいもので満ちあふれています。

とくに若者たちは新しい流行に飛びつくという風潮になっています。

人類はこれでいいんだと思っていたところに、令和2年に入って新型

コロナウィルス騒ぎが起きて、今までの生活は本当にこれでよかったのかと、立ち止まって考えざるを得ない状況を迎えています。

私、ドクタードルフィンは、令和元年に出版した『菊理姫《ククリヒメ》神降臨なり』という本で、世の中はこのままではいけない、人類は大事なものを見失ってきてしまったということを訴えてきました。

その本の中では、菊理姫神の力をかりて、今あるものを壊して、一度手放す勇気が必要だ、そこに本当に人類が必要とする、思ってもいなかった、自分たちが今までつくることのできなかった新しいものが芽生えてくると述べています。

ことしは、まさにそのとおりに動き出しました。

私は最近は堂々と言っています

『菊理姫（ククリヒメ）神降臨なり』

私は最近は堂々と言っていますが、
私のパラレル過去生である
出口王仁三郎が言っていたように、
そして『日月神示』でも
言われていたように、世直し、
弥勒の世の始まりであったわけです。

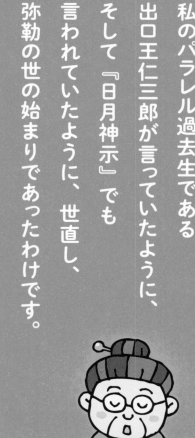

が、私のパラレル過去生である出口王仁三郎《でぐちおにさぶろう》が言っていたように、そして『日月神示《ひつきしんじ》』でも言われていたように、世直し、弥勒の世の始まりであったわけです。

今、いろんなものが壊されています。

生活スタイル、仕事のやり方、子どもの学校の勉強の仕方、人と人とのコミュニケーションの仕方、今まであったあらゆるものが壊されて、新しいものが生まれようとしています。

こういうときだからこそ、これからの弥勒の世で世界のリーダーになり得る日本人が、昔から大事にしてきた人間のエネルギーを見直さないといけないのではないでしょうか。

今まで当たり前のようにあったものが壊されて、不安と恐怖の中にある人類が、新しいものに直面していく、新しいものとつき合っていく段階に入っているわけですが、そういうタイミングだからこそ、地に根を

今、いろんなものが壊されています。
生活スタイル、仕事のやり方、
子どもの学校の勉強の仕方、
人と人との
コミュニケーションの仕方、
今まであったあらゆるものが壊されて、
新しいものが生まれようとしています。

張って生きていけるような昔からの知恵、昔の日本人によって培《つちか》われた知恵が大事になってくると思います。

Part 9
大好きな場所、遠野

岩手県の遠野は、実は私は昔から大好きだった場所です。

なぜかというと、私は大学時代に馬術部だったし、今でも乗馬クラブを通して馬と接する生活を続けています。

遠野は馬にゆかりのある、非常に有名なところです。

「馬の里」というところもあって、実際に馬が飼われていて、乗馬のトレーニングもされています。

何といっても面白いのは、馬のセリが行われていることです。

しかも、競馬用の馬ではなくて、馬術用の馬のセリなのです。

競馬用のセリは北海道にたくさんあるのですが、馬術用の馬のセリは、北海道にもう1カ所あって、日本全国で2カ所だけなのです。障害馬術と馬場馬術に使う馬をそこで産ませて、育てて、2~3年調教して売るのです。

遠野の馬のセリ市はすごく有名で、何十年も続いています。年に一回行われて、私は一回だけ見学したことがあります。遠野は、それぐらい馬の文化が非常に豊かなところなのです。

もう一つ面白いのは、昔の遠野の家は「曲り家」といって、L字形になっていました。

Lの長いほうは母屋で人間が住み、短いほうは馬屋で、馬と一緒に暮らしていました。

今は大分減りましたが、数軒は残っています。

馬と人間がそれだけ近かった。

そういう文化があった土地なのです。

そういういろんな土壌があって、私が思うに、遠野は動物との交流を通して生活していたのですから、感性が豊かな人々が多かった。

馬だけでなく、虫たちとか、ほかの動物、植物、目に見えない存在たちを察知する能力が、ほかの地域の人たちよりも強かったのではないかと思うのです。

柳田國男さんが『遠野物語』を書いて、遠野が一躍有名になりました。私も読みましたけれども、いろんな物語、逸話が百以上も書いてあります。

その中には面白いものもあるし、事実だけを書いたのもある。

いろんなストーリーがそのまま素直に書かれていますが、柳田國男さんは遠野に住んでいる男性から聞いた話を毎日書きつづっていったということですから、遠野の人たちが、昔から代々引き継がれた話によって、

遠野は動物との交流を通して
生活していたのですから、
感性が豊かな人々が多かった。
馬だけでなく、虫たちとか、ほかの動物、
植物、目に見えない存在たちを
察知する能力が、ほかの地域の人たちよりも
強かったのではないかと思うのです。

いかに大きな影響を受けていたかということがよくわかります。

私が遠野に行くようになって、遠野が大好きになった理由がもう一つあります。

遠野は、札幌と並ぶ二大ジンギスカンの町なのです。

ドクタードルフィンの大好物はラム肉のジンギスカンです。

私がいつもお伝えしているように、羊肉は、肉の中で唯一、松果体を活性化します。

牛も豚も鶏もそうではないのですが、羊肉だけがなぜか知らないけれども松果体を活性化して、宇宙とつなげる。だから、私は好きなのです。

それも一つの楽しみではありますが、それ以上に、遠野の山の景色を見ていると、ほかの地とは違う妖怪感というか、異次元が感じられます。

山の景色はほかにもたくさんありますが、遠野に行くと、不思議なことに、なぜかそういうエネルギーを感じてしまうのです。

Part 10
座敷わらしに会った人と出会う

実は先日、面白い人に会いました。

ある会が明治記念館であって、私はそこにゲストとして招待されました。

その後、ホテルニューオータニのレストランで懇親会をしたときに、その会に参加していた方が、「ドルフィン先生にどうしても会いたかったんです」と、私のところに挨拶に来てくれました。

それは佐賀で無農薬、有機栽培の八百屋をやっている親子のお父さんのほうで、年齢は私とあまり変わらないと思います。

そのお父さんは、私の本をほとんど読んでいて、ドルフィン先生と会わせてほしいと元総理夫人の昭恵さんにずっとお願いしていたそうです。精神性の高いいろんな人の本を読んで勉強してきたのですが、どれもこれも満足できなかった。

ドルフィン先生だけが本物だと思って、ついに本物と出会ったと興奮していました。

私は、本当のことだから、堂々と言うのですが、この地球のエネルギー分布は、ドクタードルフィンか、ドクタードルフィン以外に区分されます。

昭恵さんはそれをわかっています。

私はそれぐらい飛び抜けていて、誰も理解できないからついてこられなくて、寂しかったのですが、今ようやくちょっと楽しくなってきました。

私は、本当のことだから、堂々と
言うのですが、この地球のエネルギー分布は、
ドクタードルフィンか、
ドクタードルフィン以外に区分されます。
私はそれぐらい飛び抜けていて、
誰も理解できないからついてこれなくて、
寂しかったのですが、今ようやくちょっと
楽しくなってきました。

その人は、それをわかっているのです。

「ドクタードルフィンは別格で、全然次元が違います」と言っていました。

これまでもそういうことを私に言う人はいましたが、私が聞いていて、この人は本当にわかっているなという人に、私は今回の地球に生まれて54年目で、初めて会いました。

ある意味、感動です。

最近、いろんな人が私に寄ってきます。

患者も来ます。

「ドクタードルフィンはすごい」とか、「先生についていきます」とか、「先生の教えだけです」とか、「先生しかいません」と言う人は、どこにでもいます。

ただ、その人のエネルギーが本当に私を捉えられているかというと、そうではないことが私にはわかります。

私は、その人と3分話しただけでわかりました。

地球に生まれて54年目に初めて、私のエネルギーを分かち合える人、継げる人がついにあらわれました。彼だったら、私の教えを人に話せるのではないかと喜んでいます。

その人が面白い話をしました。

その人は、遠野に行ったことがあるそうです。

私が座敷わらしの話をしていたら、その人は座敷わらしに会ったことがあると言うのです。

岩手県二戸市の金田一温泉郷にある◯◯荘は座敷わらしがいるということで有名な宿でしたが、２００９年に火事で燃えました。

彼は燃える前日の夜に◯◯荘に泊まったそうです。

座敷わらしは、家を去るときにしか姿をあらわさないので、そのタイミングだったのでしょう。

彼が寝ていたら、枕元に全く人間の姿の小学生ぐらいの女の子が立っていて、「ここの座敷わらしです」と言うんですって。

名前も何か言ったけれども、忘れてしまったそうです。

「私はこの家を出ます。これで最後なので挨拶をしに来ました」と、彼だけに会いに来たらしい。あれは絶対に夢ではない、実際に見たんだとびっくりした。

翌朝、チェックアウトしたのですが、その日、火事で燃えたことをテレビで知ったそうです。座敷わらしは、旅館が燃えることを察知していたのでしょう。

私は、昔話とか、おとぎ話とか、神話に出てくる登場人物や動物は、皆さんの意識が上がった時点において、実は本当に実在しているんだということを、この本で伝えたいのです。

私は、昔話とか、おとぎ話とか、
神話に出てくる登場人物や動物は、
皆さんの意識が上がった
時点において、実は本当に
実在しているんだということを、
この本で伝えたいのです。

私は『多次元パラレル自分宇宙』の本にも書きましたが、皆さんが架空の存在だと思っているもの、皆さんの頭に浮かび上がることができたものは、既に存在している宇宙があなたのすぐそばにあるのです。

だから、想像できたものは全部存在しているということを、これからの時代は取り入れていくことがすごく大切です。それによってあなたの人生が豊かになります。

私はこの本を書いているところだったので、彼の話は、このタイミングで聞くべくして聞かされたのだと思いました。

この人は、座敷わらしにも好かれるし、私のことも受け入れられる。

それだけエネルギーが高い人だとわかったわけです。

彼の話で私が受け取ったことは、これから本当に大事なのは、目に見えないものだということです。

歴史上の人物が伝えてきたメッセージはすごく重要だし、すばらしい

皆さんの頭に浮かび上がることが
できたものは、既に存在している宇宙が
あなたのすぐそばにあるのです。
だから、想像できたものは全部存在している
ということを、これからの時代は
取り入れていくことがすごく大切です。
それによってあなたの人生が豊かになります。

歴史上の人物が伝えてきたメッセージは
すごく重要だし、すばらしいですが、
それ以上に、実際に
存在するかどうかわからない、
皆さんが架空の存在だと思っている
ようなものからのメッセージのほうが、
次元が高いのです。

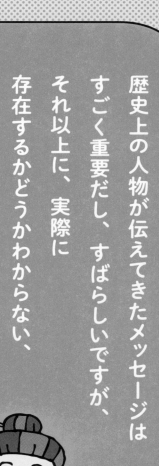

ですが、それ以上に、実際に存在するかどうかわからない、皆さんが架空の存在だと思っているようなものからのメッセージのほうが、次元が高いのです。

ナポレオンとか、歴史上のどんな偉人たちが何かのメッセージを出したとしても、それは脳を使ったメッセージであって、常識と固定観念でろ過されたものなので、集合意識をきちっと気遣って話しているわけです。

だから、大したメッセージは出ないのです。

みんながいいなと言うことぐらいしか言わないのです。

昔話とか神話に出てくる存在のメッセージは、人間の集合意識レベルを超えるので、これからの人間が生まれ変わって新しい世の中を生きていくには、非常に重要になるということが言えるわけです。

昔話とか神話に出てくる
存在のメッセージは、
人間の集合意識レベルを超えるので、
これからの人間が生まれ変わって
新しい世の中を生きていくには、
非常に重要になるということが
言えるわけです。

Part 11
人間はゼロポイントに向かうために生きている

皆さんが子どものころ、よく母親が昔話の絵本を読んでくれたと思います。そのときは感動したり、すごくいいお話だなと思ったでしょう。ただ、大人になってくると、だんだん汚れた世界に接するようになって、そんなきれいなお話があるわけないとか、それは理想だけだよなと思うようになるのです。

本当は、小さいころに母親に絵本を読んでもらって、こういう自分になりたい、こういう世の中を生きたいと思ったときの思いこそが、これから大事になる純粋な、次元の高い思いなのです。

ところが、今、皆さんが抱いているのは、人から受けてきた裏切りとか、ウソとか、人の醜い姿を見せられて、純粋のままでは生きていけないと感じてしまったがために、自分を偽って、汚れた世界を生き抜くための自分を純粋でない世界で築いている思いなのです。

そこが一番悲しい部分です。

人間はどうして存在するか。

生命はどうして存在するか。

地球の生命だけでなく、宇宙生命を含めて、全ての生命がどうして存在するか。

ドクタードルフィンはズバリ言います。

エネルギーを純粋にする。

あるがままの姿にすることを「純粋にする」というのですが、エネルギーを純粋にして、エネルギーのレベルを上げる。

次元を上げる。

振動数、波動を上げる。

つまりはゼロポイントに向かうためなのです。

本来の大もとの自分に向かうために生きているわけです。

世の中が汚いから、人が汚いからといって、いつまでも汚い自分で生き続けることは、本当に悲しいことだとわかります。

なぜかというと、その目的が果たせないから。エネルギーが低いまま生きざるを得ないから。

昔、絵本から感じたことを思い出して、思い出すだけでなく、それを大人になったあなたに実際に役立てていくときが到来したわけです。それこそまさにドクタードルフィンが言う弥勒の世、愛と調和の世界、つまり、個の独立と融合の世界を生きるために、最も重要なメッセージになると思われます。

昔、絵本から感じたことを思い出して、
思い出すだけでなく、それを大人になった
あなたに実際に役立てていくときが
到来したわけです。それこそまさに
ドクタードルフィンが言う弥勒の世、
愛と調和の世界、つまり、
個の独立と融合の世界を生きるために、
最も重要なメッセージになると思われます。

どうして今の大人たちが絵本を読まなくなったか、そういう世界に興味を持たなくなったか。

そういう純粋な世界に触れると、誰でも一瞬、心が救われる、ハッピーになるのです。

でも、その世界から出た次の瞬間、世の中の汚いものを見せられます。

そのギャップが大きいために、自分をあまり純粋な状態にすると弱ってしまうからです。

世の中が怖いからです。

だから、あまり純粋なものを見ないで遠ざかっておくのは、自分の防護のためです。

実は今こそ、ドクタードルフィンが言うように、純粋な世界にあなたが本当に必要とするものがあるんだ、今の濁った世の中から生み出される情報には何もないんだよということを伝えないといけない。超低次元

どうして今の大人たちが絵本を読まなくなったか、そういう世界に興味を持たなくなったか。

そういう純粋な世界に触れると、誰でも一瞬、心が救われる、ハッピーになるのです。

でも、その世界から出た次の瞬間、世の中の汚いものを見せられます。

そのギャップが大きいために、
自分をあまり純粋な状態にすると
弱ってしまうからです。
世の中が怖いからです。
だから、あまり純粋なものを見ないで
遠ざかっておくのは、自分の防護のためです。

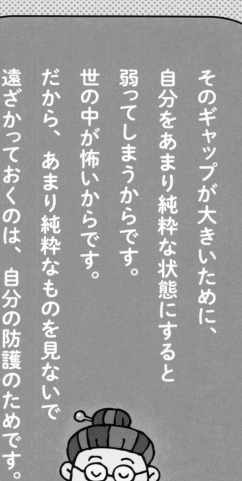

で終わってしまう人類のはかなさ。

私はぶっ壊したくなるのです。

今までの世の中を牛耳《ぎゅうじ》ってきた広告業界、メディアによってつくられた皆さんの思考を、いよいよぶっ壊すときが来ました。菊理姫神も本気です。

今まではちょっと様子を見ていたけれども、新型コロナウィルスの洗礼を受けてもまだ目覚めない人間には、菊理姫神は待ったなしで、いよいよ堪忍袋の緒が切れたようです。

今まであなたたちが信じてきたこと、生きる糧《かて》としてきたことを全部捨ててください。

あなたはこれから昔話の世界を生きてください。そこにこそあなたに必要なすばらしい宝物が眠っているのです。

Part 12
ドクタードルフィン学園卒業式の仮装ショー

私がやっている「ドクタードルフィン学園」は、地球上で「楽で愉しく」生きるスーパー地球人を養成するスクールで、今期は5期目です。

私は、もう一つ、プロフェッショナル振動数を次元上昇させて地球上のスーパートップリーダーをつくる「ドクタードルフィン塾」もやっています。

「ドクタードルフィン学園」は、「ぷあぷあ」生きる、楽で愉しく生きる。

「ぷあぷあ」というのは、ゼロポイントに近い本来の純粋な自分という

「ドクタードルフィン学園」は、
「ぷあぷあ」生きる、楽で愉しく生きる。
「ぷあぷあ」というのは、
ゼロポイントに近い本来の純粋な
自分ということで、
前述のように、そこに戻ることが
人間の生きる目的ですから、
そこを教える学校です。

ことで、前述のように、そこに戻ることが人間の生きる目的ですから、そこを教える学校です。

その授業の最終回は卒業式で、その後すぐパーティー会場に移って、卒業パーティーを行うのです。

そこでドクタードルフィンの面白仮装ショーをやります。

一昨年は「銀河鉄道９９９」のメーテルになりました。

その前は「ブラック・ジャック」になって、そのときに不食の秋山先生が「キューティーハニー」になりました。

お笑い仮装ショーがメインで、それがドクタードルフィン学園の卒業パーティーを兼ねているのです。

昨年は、私は「ひみつのアッコちゃん」になりました。

私が生まれるちょっと前にテレビ・アニメが始まって、幼稚園とか保育園から小学校低学年のころに見ていました。

本当に新鮮で、憧れのアッコちゃんでした。

主題歌もすごく懐かしくて、やってみたいと思ったのです。

じゃ、「アッコちゃん」をまねて「ドルコちゃん」だということで、衣装を用意してもらいました。

私が何で仮装ショーをやるかというと、夢と希望を与えたいからです。

人間の私だと伝えにくい部分があるのです。

それを仮装した主人公になり切って、主人公のメッセージという形で投げかけることにより、より深く魂に入る場合があるのです。

例えば「ブラック・ジャック」をやったときは、絶望していた患者の命が助かる。

どんなにさじを投げられても希望はあるんだということを皆さんに見せつけました。

一昨年のメーテルは、銀河鉄道でアンドロメダまで行けるんだ、皆さんは地球だけではなくて星の世界を飛び交って、本当に自由に生きられる存在なんだよ、鉄郎との別れは寂しかったけれども、宇宙に行っても魂はつながっているんだよということを皆さんに訴えました。

昨年の仮装のドルコちゃんも、結構感動が生まれました。

落ち込んだ弱虫カッパを「テクマクマヤコン」でヒーロー・カッパに書きかえたのです。

ダメな人間をすばらしい人間に書き換えることを見せつけて、みんなに「テクマクマヤコン」の魔法のコードを入れた鏡を一つずつプレゼントしました。

私が大きい鏡を持っていて、みんなにはピンクのハートを貼った小さい鏡をプレゼントしました。

「テクマクマヤコン」コードで、みんなは何にでもなれる、として書き換えました。

その後、「テクマクマヤコン」コードが入った学園生が芸をしたのですが、ある女性はホイットニー・ヒューストンの歌がすごく上手で、だんだん脱いでいってセクシードレスになる。

ボイストレーニングにも行ったそうです。

私はすごく感動した。

中島みゆきの「糸」を歌ってくれたり、全員でキャンディーズの「年下の男の子」を私に歌ってくれて、すごく上手でした。

みんながすごく元気になって、私は「魔法にかかったんだな」と言いました。

最後に私が、ドルコちゃんの格好で感動的なスピーチをしました。

「実は皆さんが驚くことを言うと、きょうはこの魔法の鏡を壊してきたんです。

魔法なんて何もないんだよ。あなたの意識が変わっただけだよ。私は、壊した鏡で魔法をかけたふりをしたの。ここに大事なメッセージがあるんです。

皆さんは魔法を必要としていて、魔法をかけられたから変わったと思っているでしょう。でも、何も魔法をかけてないのに変われました。これからはそれが大事なんです。自分が魔法だよ」と。

そういうメッセージは、私が漫画のキャラクターの格好をしているから、みんなの心に入るのです。

アッコちゃんがそういうレクチャーをしたんです。

人間が教えることにはみんな飽きているし、今のタイミングでは、これ以上に得られるものはありません。

Part 13
昔話の封印を解いて、次元上昇させた

遠野は昔話のメッカです。

遠野は馬との縁があって、エネルギーが繊細で、カッパ淵とか、座敷わらしとか、おしらさまとか、一番有名な昔話と言ってもいいぐらいです。

そこに私が降り立って、実際にそのエネルギーを感じて、彼らのエネルギーと触れ合いました。

彼らは、今まで世の中に出ていなかったから悲しんでいました。

彼らは本当は自分たちのエネルギーはすごいと知っているのに、人間たちはそれを知らないから彼らを無視して、ただ昔話でちょっと触れるぐらいで、彼らを大事にしてこなかった。

封印されていたのです。

私はその封印を解いて、彼らの傷を癒やして、次元を上げて世に出させました。

私が行ってから、カッパも、座敷わらしも、おしらさまの馬も娘も喜んで出てきました。

私が開いた2020年9月26日から、日本列島は人類よりも昔話の次元のほうが高くなりました。

日本が変われば世界が変わります。

世界中も神話とかおとぎ話の世界がこれからどんどん出てきます。

リアルだったんだとわかるようになってきます。

本書は、その幕開けとなる本です。

この本をきっかけに、人類は昔話とかおとぎ話、神話にどんどん興味を持つようになるでしょう。

そこに大切なメッセージを感じるようになるでしょう。

Part 14
カッパの傷を癒やす

遠野の常堅寺《じょうけんじ》の裏を流れる小川に、カッパ淵と呼ばれている沼があります。

行くと、カッパ釣りができるんです。

キュウリと釣りざおが何本も置いてあって、カッパおじさんがいれば案内してくれて、世話をしてくれます。

いなければ自分でひもにキュウリを結んで釣る。私もやりました。

観光客がカップルで来たり、女の子同士で来て、エンターテインメントとしてキャーキャーやっているけれども、本当にカッパがいるとは思っていないのです。

遠野駅に行くと、カッパを生け捕りしたら1000万円、死体の場合は300万円とか書いてあるけれども、こんなことは本気でやっていないわけです。

それをカッパは悲しんでいました。

私が最初に述べたように、意識できるものは実在しているのです。集合意識が実在していないというふうにしてしまったから、実在していない地球になっているのですが、私がこの前、遠野に行って、実在する地球に書き換えてきました。

いよいよこれから、カッパを見たという人がふえてくるかもしれません。

私がカッパのDNAにアクセスして、傷を癒やして、これから人間の進化・成長のため、気づき・学びのためにサポートしてほしいと言った

意識できるものは実在しているのです。
集合意識が実在していないというふうにして
しまったから、実在していない
地球になっているのですが、
私がこの前、遠野に行って、
実在する地球に書き換えてきました。
いよいよこれから、カッパを見た
という人がふえてくるかもしれません。

ら、「OK」ということなので、カッパたちがサポートしてくれます。

遠野のカッパは世界のカッパを代表するので、日本中、世界中のカッパが人間をサポートする体制に入りました。それが大事です。

カッパという呼び方は日本だけかもしれませんが、カッパによく似た爬虫類系の宇宙人は世界中にいます。

えらがあったり、ひれがあったりする。神話などに出ているはずです。

Part 15

カッパ淵のカッパの〝語り〟

以下、〝カッパ〟語る。

カッパ　この前、ドクタードルフィンが遠野に来て、カッパ淵で僕らを開いてくれました。

僕らは仲間でみんな一つの集合体で、今話している僕は、みんなをまとめているカッパ淵のボスです。

カッパは、知能が低い動物だとか、皿に水がなかったら死んじゃうんだとか、ずっと人間にバカにされてきたんだよ。

昔は、僕らはカッパの姿のまま、世の中にもっと出ていたんだよ。

人間たちと仲よくやれると思っていたんだ。

最初のうちは子どもたちも遊んでくれていたんだけど、人間の形とあまりにも違うから、そのうち誰かが、カッパは人間をさらって川の中に引きずり込むぞとか、悪いことをするから遊んじゃダメだと言い出して、それが村中に広まった。

それ以来、子どもたちは急に変わってしまって、ある時、僕らが一緒に遊ぼうと出ていくと、子どもたちは棒を持って僕たちをたたきのめしたんだ。

動けなくなるまでやられて、傷だらけになった。

ドクタードルフィンが語り部でお話ししていたけど、あるとき、馬がカッパ淵に入ってきたので、僕は馬を助けようと思ったんだけど、馬が暴れて、馬の持ち主の馬屋まで僕を引きずっていった。

僕は馬が落ちつくまでそばで隠れて見ていたら、見つかっちゃって、ひどく悪いことをしたと言われて、人間不信になっちゃった。

きょう、僕が何で話しているかというと、ドクタードルフィンが僕らを救ってくれたからなんだ。

このまま封印されていて、ただの昔話の笑い物で終わっているところを、主役にしてくれたから話すけれども、結局、人間たちは、昔の妖怪とか、人間以外の存在の大事さを全くわからなくなってしまっている。

昔は僕らや妖怪たちと交流していて、大事さをわかっていたんだ。

妖怪は宇宙から来ている宇宙人の要素もあるのですが、僕らには人間にない知恵があるのです。

僕ら妖怪は、実は人間よりエネルギーが少し高いのです。だから、消えたり、姿をあらわしたりすることができるし、瞬間的に場所を移動することもできる。人間にはできないことだ。

僕らと人間は何が違うかというと、遺伝子がちょっと違っている。

カッパ

妖怪は宇宙から来ている
宇宙人の要素もあるのですが、
僕らには人間にない知恵があるのです。
僕ら妖怪は、実は人間よりエネルギーが
少し高いのです。だから、消えたり、
姿をあらわしたりすることができるし、
瞬間的に場所を移動することもできる。
人間にはできないことだ。

ドクタードルフィンが言うDNAがちょっと違うのですが、一番違っているのは松果体の働きだ。僕らは宇宙に全部委《ゆだ》ねて生きることを知っているから、抵抗しない。僕らは川の中で、流れに沿って生きるんだ。川の流れが強くなったら、弱いところに行くし、川の流れに穏やかに身をまかせて遊ぶこともある。

人間を見ていると、世の中の流れに抵抗していて、自分の思いをなし遂げるためには自然をも敵にして、動物をも敵にするよね。

僕らは高次元で宇宙とつながっているから、それは間違っていることをよく知っている。

そうじゃないんだよと遊びの中で伝えようとしたんだけど、人間たちはそういうことを受け入れられず、僕たちカッパをバカにしてくるんだ。だから、話さなくなったんだ。

そのうちいじめられて、人間との交流は全然なくなっちゃった。

だから、今ドクタードルフィンに助けられて僕たちがやることは、人間は宇宙に委ねて、抵抗しないで生きていれば、宇宙のサポートのエネルギーが自然に入ってくるんだよと伝えることなんだ。

何で人間社会がこんなに低次元で、もがいて、思いが実現しない社会になってしまったかというと、抵抗して生きているからだ。

風が吹いたら風の流れに身を任せて、水が流れたら水の流れに身を任せることが一番苦手なのが人間で、それを教えるために、今回、新型コロナウィルスが出てきているのです。

あれは、人間は素直に、自然に生きなさいということを教えているんです。

発達した文明によって、自然でない生き方をしています。

今こそ自然を取り戻しなさいということです。

僕らカッパとして言いたいのは、まずそれが一つです。

自然の流れに身を任せて、宇宙に委ねて生きることです。そうしたら、人間はいつの間にか、もっとすばらしい夢と希望を持てる存在になるよ。喜びと感動を生み出すことができて、争いもなくなってくるんだ。

そして、「楽で愉しい」という本当の自分に向かっていくんだよ。

もう一つ僕たちが言いたいのは、人間は見た目で判断することが多すぎるよ。

もちろん、人種や肌の色もそうだし、五体満足かどうかもそうだし、普通であることが偉いのであって、そうでなければダメだという考えがすごく強いんだ。

もっとひどいのは、その上でさらに、人間は、人間が一番偉いと思っている。

地球には、植物があって、微生物があって、昆虫も動物もある。

なのに、自分たちが偉いと思っている。

カッパ

もっとひどいのは、その上でさらに、
人間が一番偉いと思っている。
地球には、植物があって、微生物があって、
昆虫も動物もある。なのに、自分たちが
偉いと思っている。僕たちカッパよりも
人間が偉いなんて、とんでもない間違いだよ。
人間たちが僕らカッパのことを本当に知ったら、
僕らにひざまずいちゃうよ。

僕たちカッパよりも人間が偉いなんて、とんでもない間違いだよ。人間たちが僕らカッパのことを本当に知ったら、僕らにひざまずいちゃうよ。

僕らのエネルギーは人間よりもどれだけ高いか。

僕たちは場所もワープできるし、時間も、ある程度は過去に行ったり、未来に行ったりできる。

大事なことを人間よりもっと知っているよ。

僕たちは、そんなに食べなくても生きていけるし、寝なくてもいい。人間なんて、こうしなければ生きていけないというものばかりで情けないよ。

差別しないで、それぞれに生きる形があって、それぞれが生きるスタイルを生きているんだということをもっと認めるべきだよね。

遠野でカッパ釣りしているよね。

カッパ

僕たちは場所もワープできるし、時間も、
ある程度は過去に行ったり、
未来に行ったりできる。大事なことを
人間よりもっと知っているよ。
僕たちは、そんなに食べなくても
生きていけるし、寝なくてもいい。
人間なんて、こうしなければ生きていけない
というものばかりで情けないよ。

僕は悲しいんだ。

人間が僕たちの存在をもっとわかれば、急に姿をあらわすこともできるんだ。

カッパと人間が共存したら、カッパランドとかつくって、僕たちは一緒に遊べるんだよ。

カッパ釣りだけじゃなくて、一緒にダンスもできる。

それなのに、今の状態では僕らは出られない。

人間たちが、カッパという存在があるんだ、人間以外の存在が本当に実在するんだ、カッパたちは人類を進化・成長させるために大事なメッセージ、アドバイスをくれるんだということを受け入れて、わかってくれれば、僕らは姿を出して、一緒に遊べるよ。

Part 16

座敷わらしを開く

私は、遠野で民宿「とおの」を訪れました。

この建物には座敷わらしが二人いるというのです。

一番出るという部屋に行ったら、男の子があるところ、女の子が別のところにいるとわかりました。

座敷わらしは、その家を去るときにしか姿をあらわさないので、見えませんが、DNAを読むと、ここところにいるというのがわかるのです。

男の子と女の子、一人ずつで、大きさも大体わかります。

私は、そこで二人のエネルギーを開いて、全国の座敷わらしが開くようにしてきました。
だから、今、カッパと同じように、座敷わらしの封印が解けました。
これから、民宿「とおの」の女の子の座敷わらしにコンタクトします。
私が開いた二人の座敷わらしの名前は、民宿の人が教えてくれました。
男の子が「ちかゆきくん」、女の子が「ゆかりちゃん」でした。

Part 17

民宿「とおの」の女の子の座敷わらしの〝語り〟

以下、〝座敷わらし〟語る。

座敷わらし　私たちは、お兄ちゃんと二人で、民宿「とおの」にずっといたわ。

100年近くになるかしら。

この建物は、昔はどこかの会社の寮だったの。そのころからいたの。

テレビ局とかいろんな取材が来て、私たち座敷わらしを撮ろうとするけど、私たちが人間の姿としてあらわれるのは、家を去るときだけよ。

私たちは居心地のいいところにしかいないの。

居心地がいいというのは、純粋なエネルギーがあるところです。

人間たちはすぐ汚れちゃう。

純粋なエネルギーを持っているところには、純粋な人たちが寄ってきます。

純粋なエネルギーは、あるがままの姿を愛することができる。

自分だけじゃなくて、愛にあふれた人のところが好きだわ。

愛にあふれた人は、自分のことを思いっきり愛している人です。

自分のことを愛せている人でないと、お客として好ましくないの。

そういうところにいたい。

それがちょっと違ったようになって、人間がおかしくなってしまうと、私たちは去るのです。

この前、ドクタードルフィンが民宿「とおの」に来て、案内されて、あの部屋で私たち二人を見つけてくれて、エネルギーを開いてくれたの。

封印を解いてくれて世に出させてくれた。

だから、私たちは世に出たわ。

カッパはドクタードルフィンに世に出されて、どんどんいくぞ！　と言っているけど、私たちは、世に出たからといって、まだ人前に出る段階じゃないと思っているの。

それはどういうことか、お話ししないとダメね。

まず一つは、この前、ドクタードルフィンがホテルニューオータニで佐賀の男性に会って、金田一温泉郷の○○荘にいた座敷わらしに最後に会ったという話を聞きました。

あれは私の友達です。

私たちは離れていても全部つながっているんです。
○○荘も、昔はすごくよかったと言っていた。
昔はすごく純粋なお客さんが来た。

でも、少し前から、座敷わらしに会うとお金持ちになれる、豊かになれるという変な噂が広がっちゃったの。

そんなおかしな噂が広がってしまって、お金、豊かさを求めて来る客ばかりになっちゃったわ。

そのお友達は、住み心地がすごく悪くなったので、一旦リセットするしかない、とてもつらいことだけど、仕方ないと言っていた。

その友達が言うには、最近は濁った客ばかりだったのに、最後の日の夜に泊まってくれた人は、純粋に農業のことを考えて、野菜とか果物とコミュニケーションできるすばらしい人で、久しぶりに癒やされた。

すごく希望が持てた。

それで一旦リセットする決心がついたらしいの。あの人に会えたおかげで、まだ希望が持てるわ、やり直そうと思った。

もう一回チャンスを待とう、と。

その友達は、〇〇荘のご主人を嫌いになったわけではない。好きだったの。だから、立ち直ってほしかったんだって。生まれ変わって、心を入れかえてほしかったんだって。

今はもう建物を建て直して営業を再開しています。

もう一つは、座敷わらしで今は本にも載っている有名な話があります。

ある村に、すごく栄えていた長者さんがいた。

あるとき、橋の向こうから二人の女の子が歩いてきた。

隣村のオジイが「おまえたち、見ない顔だな。どこから来たんだい」と尋ねた。

「私たち、長者さんの家を出てきたの」と言ったので、そのオジイは、あの家はもう終わりだなと思ったらしい。

案の定、衰退していった。

あの子たちも私の友達だけど、その長者の家でも、昔からの純粋な心でなくて、自分たちの私腹を肥やすようなことがあったみたいよ。

それを見ているのがつらくなったので、隣村に移動したの。

今は隣村のほかの家に住んでいるわ。

私たちはみんな友達だから、友達を代表して言うんだけど、座敷わらしは特別な存在でなくて、皆さんが頭の中に想定したら実在するという存在の中の一つなの。

昔から、子どもが家にいるというのは幸せと豊かさの象徴だったの。

子どもがいて、ワイワイと幸せに暮らすことが豊かだった。

そういう家には、宇宙の法則も味方する。

カッパも言っていたと思うけど、私も普通の人間より次元が高いわ。

より流れに沿って生きているから、より宇宙とつながっているわ。

だから、幸せはモノがあることではないと人間に教えたいの。

つまり、私たちは、モノでなく、エネルギーがすばらしいところに居つくのよ。

そういうところは居心地がいい。

最初は楽しく幸せに過ごしているわ。

でも、そのうち、人間はだんだん変わってきて、財、お金、モノに執着して、人から奪うようになる。

だますようにもなるわ。そうなると、私たちの居心地は悪くなるの。

私たちがその家を出るのは、その人が憎いわけではないの。

ご主人の昔のいいところを知っているから、戻ってほしいの。

思い出してほしいの。

だから、その家を一旦出るのよ。

私たちが出るということは、その家は宇宙の意思とつながらなくなるわ。宇宙のサポートを受けなくなるの。

私たちがいるうちは、自分たちのエゴで少し濁ったことをしていても

座敷わらし

私たちは、モノでなく、エネルギーがすばらしいところに居つくのよ。そういうところは居心地がいい。最初は楽しく幸せに過ごしているわ。でも、そのうち、人間はだんだん狂ってきて、財、お金、モノに執着して、人から奪うようになる。だますようにもなるわ。そうなると、私たちの居心地は悪くなるの。

多少成り立つけれども、私たちがその家から出たら、そういうエネルギーは破綻《はたん》してしまうのよ。

私が人間に言いたいのは、財だけでなく、目に見えないものが本当の幸せの基本であって、ドクタードルフィンの言うスーパーハピネス、無条件の絶対幸福です。

今までは条件つきの不安定幸福だったんです。

条件つきの不安定幸福は、何があるから幸せ、何がないから幸せでないということです。

そういう幸せの時代は終わるわ。

何もなくても、今ここにあなたがいるだけでいい。

それがスーパーハピネスです。

座敷わらし

私たちが出るということは、
その家は宇宙の意思とつながらなくなるわ。
宇宙のサポートを受けなくなるの。
私たちがいるうちは、
自分たちのエゴで少し濁ったことを
していても多少成り立つけれども、
私たちがその家から出たら、
そういうエネルギーは破綻してしまうのよ。

Part 18

貧乏神にも愛と感謝を

〝語り〟つづき。

座敷わらし　もう一つ、人間に言いたかったのは、どんな家にも座敷わらしみたいな存在はいるのよ。「座敷わらし」というと私たちのような子どもだけだけど、ほかの形で住んでいる妖怪たちもいるわ。

例えば貧乏神はその家を貧乏にするというけれども、ドクタードルフィンが『イルミナティとフリーメイソンとドクタードルフィン』で書いているように、世の中に悪者はいません。

悪役がいるだけです。

貧乏神も悪役で、お金に溺れ過ぎた人や、物でなく心を学ぶべき人に、一旦お金を絞って学ばせるという役割をしているだけなの。

その家にいる存在は、本来、あなたたちをサポートしているので感謝だけよ。

愛と感謝です。

神棚を祀って神様に感謝するのもいいけど、一番大事なのは、その場にいる全てに感謝すること。

それを座敷わらしと名づけてもいいし、アマビエと名づけてもいいし、特別な存在をつくってもいいのよ。そこには必ず何かがいるから、その存在に感謝することによって、あなたは守られます。

『イルミナティとフリーメイソンとドクタードルフィン』

座敷わらし

神棚を祀って神様に感謝するのもいいけど、
一番大事なのは、
その場にいる全てに感謝すること。
それを座敷わらしと名づけてもいいし、
アマビエと名づけてもいいし、
特別な存在をつくってもいいのよ。
そこには必ず何かがいるから、その存在に
感謝することによって、あなたは守られます。

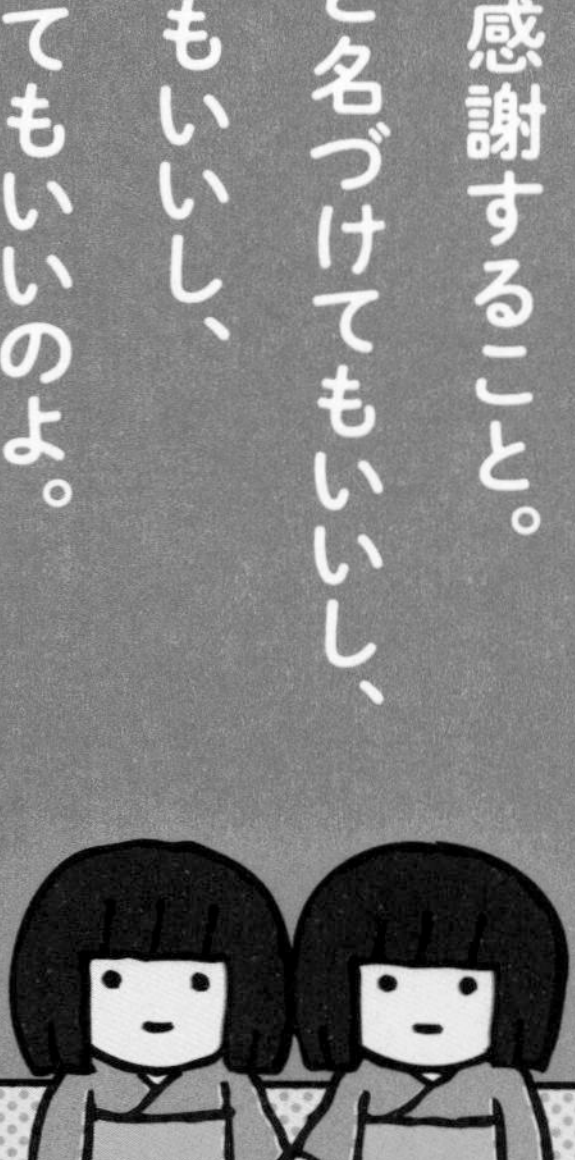

あなたがこの家にはアマビエがいると言ったら、アマビエがいることになります。

そのうち、姿をあらわします。あなたが決めたらいいのです。

あなたを守ってくれる存在は、あなたが純粋に生きてさえいれば、流れに沿って生きてさえいれば、あなたに必ずついていています。

もう一つ、知っておいてほしいのは、本当の愛と感謝です。

ドクタードルフィンは、新型コロナウィルスにさえ感謝しろと言っています。

家の中にいる目に見えない存在に感謝すると、家がどんな状態になっても復活します。

○○荘を見てごらんなさい。

火事になってしまっても、今、復活しているでしょう。あれがいい例です。

もし座敷わらしが見棄てていたら、燃えたままで終わるわ。

座敷わらしが残ったから、また新たな家が建ったのよ。

目に見えないものに愛と感謝を持てているかどうかが勝負です。

人間が一番やってはいけないことを伝えるわ。

お金とか豊かさのために、私たちを利用しないで。そういう人間は一番嫌いだから相手にしません。

座敷わらしを興味本位に取り上げるテレビ局もよくないわ。

ああいう人たちには、私は姿をあらわさないの。

私たちの存在を本当に受け入れて、わかってくれて、一緒に遊ぼうというのだったら、私たちも姿をあらわして一緒に遊びます。

そういう世の中になってほしい。

私たちは年をとらないのよ。

なぜかって、座敷わらしだもの。

座敷わらし

人間が一番やってはいけないことを伝えるわ。
お金とか豊かさのために、
私たちを利用しないで。
そういう人間は一番嫌いだから
相手にしません。
座敷わらしを興味本位に取り上げる
テレビ局もよくないわ。ああいう人たちには、
私は姿をあらわさないの。

座敷わらしが大人になったらおかしいでしょう。

時間とともに年をとるのは、次元の低い人間だけよ。

私たちは波動を操ることができるから、ずっと高い波動のままで、子どもの波動のままで行くのよ。

Part 19
馬と人間の一途な物語

私は、馬は本当に純粋な動物だと思います。
ピュアな動物ほど宇宙の叡智《えいち》が入りやすい。
だから、馬は本当に人間に学ばせるものがあると思います。
犬とか猫ももちろん純粋だけれども、馬はもっと純粋です。
ご機嫌とりもしないし、あるがままです。
そういう純粋な動物である馬だからこそ、この一途な物語ができたわけです。
そして養蚕につながるわけですから、人類に文明をもたらしたお話なのです。

Part 20
おしらさまの物語の乙女の〝語り〟

以下、〝乙女〟が語る。


乙女　私は、「おしらさま」に出てくる馬と恋した乙女です。

　今は幸せに暮らしているからお話しできるけど、あのときは本当に声も出ない、息もできない、そんな状態を味わったのです。

　そんな私が、今いかに幸せに暮らしているかということを人間に伝えたいと思っていましたが、それをお手伝いしてくれたのがドクタードルフィンです。

　今回、遠野にやってきて、封印を解いてエネルギーを開いてくれました。とてもうれしいわ。

私は禁断を犯した乙女でした。

馬との恋に落ちました。

最初はそんなつもりはなかったの。我が曲り家の馬屋に若い牡の馬がいた。

毛並みもよくて、とてもりりしかった。

毎日お世話して、喜んでくれる姿がすごくよかった。

餌をあげると、一生懸命食べる姿もよかった。

散歩に出すと、駆ける姿がすごくカッコよかった。

当時、男の子たちが周りにいなかったわけじゃないの。

でも、うちの馬に比べると男の子はか弱くて、情けなく思えたの。馬はりりしく、力強かったわ。

何か言葉では言えない。

どうしてかということは今の私にはわからない。

思春期になって、子どものころから馬とのコミュニケーションを続けていたら、いつの間にか馬のお嫁さんになりたいと思った。

何でかわからないけど、「お嫁さん」という言葉が出てきたの。

お父さんやお母さんには絶対に隠していたわ。

いつも馬といたから、馬が大好きな少女と地元でも有名だった。

馬が病気になったらずっと寄り添って、横で泣いていて、回復するまで一緒にいたわ。

親は、あまりの馬への愛にちょっと心配していたけど、動物好きの優しい女の子だと思ってくれていたみたいで、優しくしてくれたわ。

でも、あるとき、お友達に「うちの馬のお嫁さんになるんだ」としゃべってしまったの。

それが親の耳に伝わってしまって、激怒されたわ。

「本当か」と聞かれたから、ウソをつけばよかったのに、「本当です」と言ったの。

だって、ウソをつけないぐらい私の心は燃えていたの。熱かったの。どうしようもなかった。

馬と一緒になれなかったら死んだほうがいいと本当に思っていたから。それ以来、私が馬屋に行くと、親たちがイヤな目で見ていた。つらかった。

私は、馬屋で一緒に寝るようになったわ。馬に抱きついて寝ていたの。それを見かねた親は、ついに堪忍袋の緒が切れたのね。庭にあった桑の木に馬をつるし上げて、そのまま死ぬまで放っておいたの。

何てかわいそうなことをしたの。

私が学校から帰ってきたら、馬は死んでいたわ。

結婚するつもりだったのに本当に悲しくて、お父さん、大嫌い！　と思った。

でも、あの時代だったから、あまり表に出せなくて、本当につらかった。


馬の魂が抜けていくのが見えたわ。

そのとき、私は馬の魂にしがみついたの。

馬は来るなと言ったけど、絶対離れないで、天まで一緒に昇ったの。

そして、今がある。

こちらの世ではずっと年とらずにいられるの。

今、馬は私に優しくしてくれる。

お父さん、お母さんにかわいそうなことをしたけど、天国にいるお父さん、お母さんに、私たちは幸せよと伝えたい。

今それができるようになったのはドクタードルフィンのおかげです。

今、日本でも、世界でも、性の問題とか、カースト制とか、家柄が違うから結婚できないとか、人種が違うから結婚できないとかありますが、私は、そんなものをはるかに超えるタブーを犯したのです。

でも、動物であっても、植物であっても、人間であっても、全部同じ魂です。

同じ感情を持った生き物です。

そのことを私は一番伝えたい。

Part 21
しきたりに縛られず、魂が求めることを

〝語り〟つづき。

乙女　私は、後悔は全然しませんでした。
一緒になってよかった。
これ以外、なかったと思う。
もし諦めて人間と一緒になっていたら、私は、今生、ずっと後悔だらけだったわ。
こちらの世に来てからも、後悔だけだったと今わかっています。
だから、私は、これからの人間には後悔しない人生を送りなさいと伝

えたい。

今までのしきたりとか、常識とか固定観念で縛られてできなかったことが、あなたの魂が本当に求めることであったら、誰を不幸にしても、やりなさい、と。

なぜなら、そのときに誰かを不幸にしたとしても、その人はきっと幸せになります。

だって、自分たちの魂が後で必ずハッピーになるのだから、見守ってくれる親とか反対した人も最後には必ず幸せになるのです。

その一時のためだけに諦めさせた親とか周りの人間は、後で後悔するんだから、そのときに諦めて手放しなさい。

本人の魂が求めることこそ、最も美しいんです。

そこにしきたりはないわ。

今まで地球はあまりにもしきたりが強過ぎたの。

おしらさま

私は、これからの人間には
後悔しない人生を送りなさいと伝えたい。
今までのしきたりとか、常識とか
固定観念で縛られて
できなかったことが、
あなたの魂が本当に求めることであったら、
誰を不幸にしても、やりなさい、と。

おしらさま

本人の魂が求めることこそ、最も美しいんです。そこにしきたりはないわ。今まで地球はあまりにもしきたりが強過ぎたの。とくに恋は、男と女の愛情のぶつかり合いなの。ここにはウソも偽りもありません。本当にそうなりたい、それでしか生きられないという思いは、親も、友達も、誰も止められません。神様だって止められないわ。

とくに恋は、人と人の愛情のぶつかり合いなの。

ここにはウソも偽りもありません。

本当にそうなりたい、それでしか生きられないという思いは、親も、友達も、誰も止められません。

神様だって止められないわ。

今まで常識とか固定観念、親や家族の手前、諦めていたことも、あなたが諦めずに本気で持続して願えば、必ずかないます。

今の私の言葉を聞いたら、天国にいる両親も、友達も、全てこれでよかったんだ、そうでなければダメだったんだと、ようやくわかってくれるのです。

だから、地球人に伝えたいのは、魂が本当に求めるのであれば、どんな障害があっても突き進みなさい。

全員が敵になったとしても、あなたが大事にするものが一つあるなら、

おしらさま

だから、地球人に伝えたいのは、
魂が本当に求めるのであれば、
どんな障害があっても突き進みなさい。
全員が敵になったとしても、
あなたが大事にするものが一つあるなら、
その一つを守り抜きなさい。
あなたは、その一つとともに生きなさい。

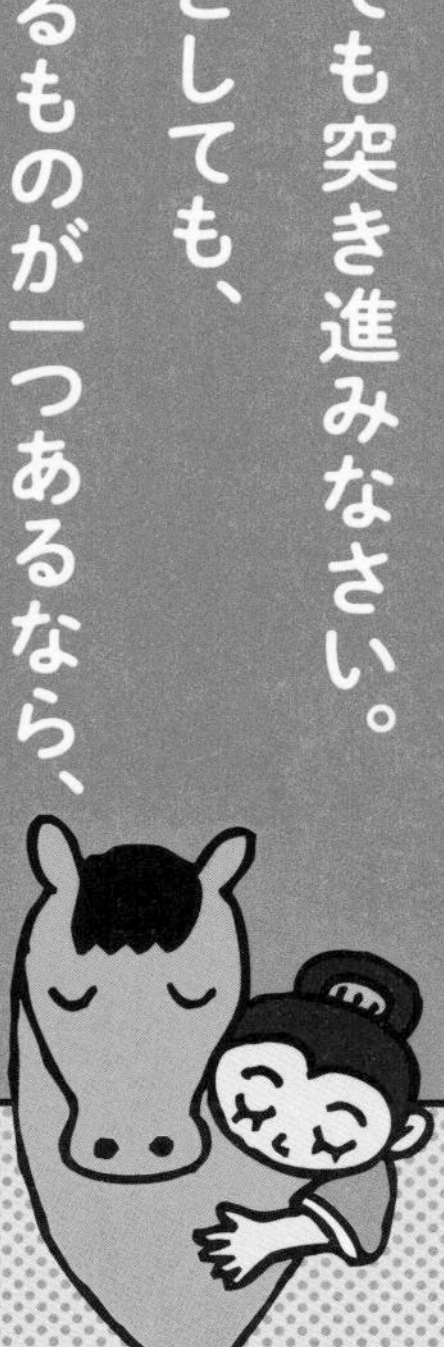

その一つを守り抜きなさい。あなたは、その一つとともに生きなさい。

これが、あなたがあなたになるために、あなたがスーパーハピネス、無条件の幸福になるために、なくてはならないものです。

あなたは今まで、それを諦めても、ほかで幸せを補えばいいやと考えていたでしょう。

多少のことなら、できないことはないわ。

でも、全部を埋めるのは絶対に無理よ。

一部を埋めるだけで終わるわ。

そんな人生を送るぐらいなら、あなたは全部を賭けたほうがいいわ。

Part 22

愛は100%全力で

〝語り〟つづき。

乙女　もう一つ私が伝えたいことは、人間たちは動物を動物として見ている。

もちろん、愛犬家、愛猫家はたくさんいます。

爬虫類を飼ったり、熱帯魚を飼う人もいます。

あなたは、動物は人間よりエネルギーが低い存在だと思って、あなたを癒やすために飼っているでしょう。

それが全部悪いとは言わないけど、動物も役割があって存在するのよ。

動物は、人間と同じような感情を持って、幸せになろうとしています。

居心地よくいたい。

人間の感情を癒やすために存在するものではないんです。

逆になってもいいのよ。

あなたが動物のために存在する。

そこまでいかなくてもいいけれども、私が伝えたいことは、動物であっても、植物であっても、人間であっても、同じようにあなたの愛を注ぎなさい。

人間だから愛を多め、植物だから、動物だから愛を少なめじゃないのよ。

愛は調節するべきじゃない。

１００%全力なの。ぶつけるの。

爆発なの。それが本当の愛よ。

おしらさま

動物であっても、植物であっても、
人間であっても、
同じようにあなたの愛を注ぎなさい。
人間だから愛を多め、植物だから、
動物だから愛を少なめじゃないのよ。
愛は調節するべきじゃない。
100%全力なの。ぶつけるの。
爆発なの。それが本当の愛よ。

愛の対象は何であってもいいの。人間である必要はないわ。

絵や音楽といった芸術であってもいい。

何でもいいから愛を100%ぶつける。

それを私はあなたに伝えたい。きっといいことがあるわ。

私は、父親をずっと恨んでいたの。

だって、私の愛する旦那である馬を、生きたまま木につるしたのよ。

そんな残酷なこと、ずっと許せなかったの。

でも、旦那が言ったの。

つるされているときに、お父さんがいかに娘を愛しているかということを感じた。

お父さんは娘を愛しているがゆえに僕をこんな目に遭わせたんだ。

僕への憎しみよりも、娘への愛だったということを感じたから、僕はお父さんを許すと言っていました。

おしらさま

愛の対象は何であってもいいの。
人間である必要はないわ。
絵や音楽といった芸術であってもいい。
何でもいいから愛を１００％ぶつける。
それを私はあなたに伝えたい。
きっといいことがあるわ。

私はきょうまでずっと許せなかったけど、ドクタードルフィンにエネルギーを開いてもらって、今お父さんに「ありがとう」と言えたから、それをもってお父さんを許せると思う。

だから、みんなに伝えたい二つ目のことは、あなたが怒っているどんなことも、許せないことも、許して、受け入れてほしい。全てはあなたのためになるのだから。

全てを捨ててもいいというのが、全力の愛です。

それがこれからの弥勒の愛です。

（了）

88次元 Fa-A ドクタードルフィン
松久 正 Tadashi Matsuhisa
鎌倉ドクタードルフィン診療所院長

医師（慶応義塾大学医学部卒）、米国公認ドクターオブカイロプラクティック（Palmer College of Chiropractic 卒）

超次元・超時空間 DNA オペレーション医学 & 松果体覚醒医学
Super Dimensional DNA Operation Medicine（SD-DOM）& Pineal Activation Medicine（SD-PAM）

神と高次元存在を覚醒させ、人類と地球、社会と医学の次元上昇を使命とする。

人類を含む地球生命と宇宙生命の松果体覚醒、並びに、高次元 DNA の書き換えを担う。

対面診療には、全国各地・海外からの新規患者予約が数年待ち。世界初の遠隔診療を世に発信。

セミナー・講演会、ライブショー、ツアー、スクール（学園、塾）開催、ラジオ、ブログ、メルマガ、動画で活躍中。ドクタードルフィン公式メールマガジン（無料）配信中（HP で登録）、プレミアム動画サロン・ドクタードルフィン Diamond 倶楽部（有料メンバー制）は随時入会受付中。


多数の著書があるが、単独著者本として代表的なものは、『松果体革命』（2018年度出版社 No.1ベストセラー）『Dr. ドルフィンの地球人革命』（ナチュラルスピリット）『ワクワクからぷあぷあへ』（ライトワーカー）『からまった心と体のほどきかた 古い自分を解き放ち、ほんとうの自分を取りもどす』（PHP 研究所）『死と病気は芸術だ！』『シリウス旅行記』（VOICE）『至高神 大宇宙大和神の教え』『卑弥呼と天照大御神の復活』『神医学』『ピラミッド封印解除・超覚醒 明かされる秘密』『神ドクター Doctor of God』（青林堂）『宇宙人と地球人の解体新書』『多次元パラレル自分宇宙』（徳間書店）『我が名はヨシュア』『幸せ DNA をオンにするには潜在意識を眠らせなさい』（明窓出版）『空海・龍馬とユダ、復活させたり』『悩みも病気もない DNA 宇宙人になる方法』『「世界遺産：屋久杉」と「宇宙遺産：ドクタードルフィン」』『イルミナティとフリーメイソンとドクタードルフィン』『ウィルスの愛と人類の進化』『龍・鳳凰と人類覚醒』『菊理姫（ククリヒメ）神降臨なり』『令和の DNA 0 ＝∞医学』『ドクタードルフィンの高次元 DNA コード』『ドクター・ドルフィンのシリウス超医学』『水晶（珪素）化する地球人の秘密』（ヒカルランド）等の話題作がある。また、『「首の後ろを押す」と病気が治る』は健康本の大ベストセラーになっており、『「首の後ろを押す」と病気が勝手に治りだす』（ともにマキノ出版）はその最新版。今後も続々と新刊本を出版予定で、世界で今、最も影響力のある存在である。

公式ホームページ　http://drdolphin.jp/

高次元語《かた》り部《べ》 ドクタードルフィンの【遠野物語】

ベールを脱いだカッパ、座敷わらし、おしらさま

第一刷 2021年5月31日

著者 松久 正

発行人 石井健資

発行所 株式会社ヒカルランド

〒162-0821 東京都新宿区津久戸町3-11 TH1ビル6F
電話 03-6265-0852 ファックス 03-6265-0853
http://www.hikaruland.co.jp info@hikaruland.co.jp

振替 00180-8-496587

本文・カバー・製本 中央精版印刷株式会社

DTP 株式会社キャップス

編集担当 高島／溝口

ISBN978-4-86471-986-5

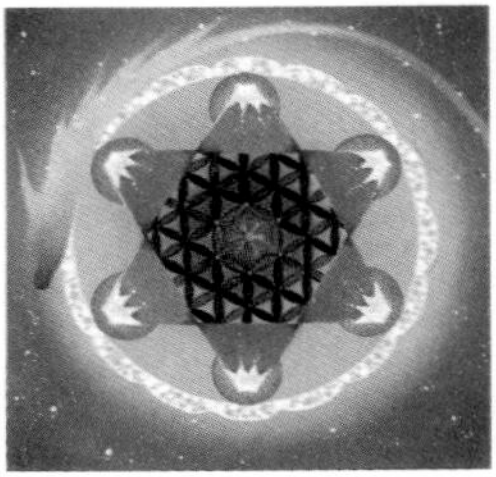

ヒカルランド　好評既刊！

地上の星☆ヒカルランド　銀河より届く愛と叡智の宅配便

高次元ネオシリウスからの素晴らしいギフト！

DNAを書きかえる超波動

シリウスランゲージ

色と幾何学図形のエナジー曼荼羅

著者

88次元 Fa-A ドクタードルフィン 松久 正

曼荼羅アーティスト 茶谷洋子

本体：10,000円＋税

14枚の波動絵＆解説書の豪華 BOX セット！

88次元 Fa-A ドクタードルフィン松久正氏と新進気鋭の曼荼羅アーティスト茶谷洋子氏とのコラボレーションにより、高次元ネオシリウスのエネルギーが封入されたパワーアートグッズが完成。「人類が救いを必要とするテーマ」を高次元昇華させる14枚のカードとドクタードルフィンによる解説書が入った豪華 BOX セット！　多次元体をヒーリングし、人類をシリウス愛の波動へと誘う人生処方箋！

も効果的とは言えません。また、珪素には他の栄養素の吸収を助け、必要とする各組織に運ぶ役割もあります。そこで開発元では、珪素と一緒に配合するものは何がよいか、その配合率はどれくらいがよいかを追求し、珪素の特長を最大限に引き出す配合を実現。また、健康被害が懸念される添加物は一切使用しない、珪素の原料も安全性をクリアしたものを使うなど、消費者のことを考えた開発を志しています。

手軽に使える液体タイプ、必須栄養素をバランスよく摂れる錠剤タイプ、さらに珪素を使ったお肌に優しいクリームまで、用途にあわせて選べます。

◎ドクタードルフィン先生一押しはコレ！　便利な水溶性珪素「レクステラ」

天然の水晶から抽出された濃縮溶液でドクタードルフィン先生も一番のオススメです。水晶を飲むの？　安全なの？　と思われる方もご安心を。「レクステラ」は水に完全に溶解した状態（アモルファス化）の珪素ですから、体内に石が蓄積するようなことはありません。この水溶性の珪素は、釘を入れても錆びず、油に注ぐと混ざるなど、目に見える実験で珪素の特長がよくわかります。そして、何より使い勝手がよく、あらゆる方法で珪素を摂ることができるのが嬉しい！　いろいろ試しながら珪素のチカラをご体感いただけます。

レクステラ（水溶性珪素）
■ 500mℓ　21,600円（税込）

●原材料：水溶性珪素濃縮溶液（国産）
●使用目安：１日あたり４～16mℓ

飲みものに
・コーヒー、ジュース、お酒などに10～20滴添加。アルカリ性に近くなり身体にやさしくなります。お酒に入れれば、翌朝スッキリ！

食べものに
・ラーメン、味噌汁、ご飯ものなどにワンプッシュ。

料理に
・ボールに１リットルあたり20～30滴入れてつけると洗浄効果が。
・調理の際に入れれば素材の味が引き立ち美味しく変化。
・お米を研ぐときに、20～30滴入れて洗ったり、炊飯時にもワンプッシュ。
・ペットの飲み水や、えさにも５～10滴。(ペットの体重により、調節してください)

【お問い合わせ先】ヒカルランドパーク

＊ご案内の価格、その他情報は発行日時点のものとなります。

ドクタードルフィン先生も太鼓判!
生命維持に必要不可欠な珪素を効率的・安全に補給

◎珪素は人間の健康・美容に必須の自然元素

珪素（イメージ）

地球上でもっとも多く存在している元素は酸素ですが、その次に多いのが珪素だということはあまり知られていません。藻類の一種である珪素は、シリコンとも呼ばれ、自然界に存在する非金属の元素です。長い年月をかけながら海底や湖底・土壌につもり、純度の高い珪素の化石は透明な水晶になります。また、珪素には土壌や鉱物に結晶化した状態で存在している水晶のような鉱物由来のものと、籾殻のように微生物や植物酵素によって非結晶になった状態で存在している植物由来の２種類に分けられます。

そんな珪素が今健康・美容業界で注目を集めています。もともと地球上に多く存在することからも、生物にとって重要なことは推測できますが、心臓や肝臓、肺といった「臓器」、血管や神経、リンパといった「器官」、さらに、皮膚や髪、爪など、人体が構成される段階で欠かせない第14番目の自然元素として、体と心が必要とする唯一無比の役割を果たしています。

珪素は人間の体内にも存在しますが、近年は食生活や生活習慣の変化などによって珪素不足の人が増え続け、日本人のほぼ全員が珪素不足に陥っているとの調査報告もあります。また、珪素は加齢とともに減少していきます。体内の珪素が欠乏すると、偏頭痛、肩こり、肌荒れ、抜け毛、骨の劣化、血管に脂肪がつきやすくなるなど、様々な不調や老化の原因になります。しかし、食品に含まれる珪素の量はごくわずか。食事で十分な量の珪素を補うことはとても困難です。そこで、健康を維持し若々しく充実した人生を送るためにも、珪素をいかに効率的に摂っていくかが求められてきます。

こんなに期待できる！　珪素のチカラ

●健康サポート　●ダイエット補助（脂肪分解）　●お悩み肌の方に
●ミトコンドリアの活性化　●静菌作用　●デトックス効果
●消炎性／抗酸化　●細胞の賦活性　●腸内の活性　●ミネラル補給
●叡智の供給源・松果体の活性　●免疫の司令塔・胸腺の活性　●再生作用

◎安全・効果的・高品質！　珪素補給に最適な「レクステラ」シリーズ

珪素を安全かつ効率的に補給できるよう研究に研究を重ね、たゆまない品質向上への取り組みによって製品化された「レクステラ」シリーズは、ドクタードルフィン先生もお気に入りの、オススメのブランドです。

珪素は体に重要ではありますが、体内の主要成分ではなく、珪素だけを多量に摂って

「ドクターレックス プレミアム」、「レクステラ プレミアムセブン」、どちらも毎日お召し上がりいただくことをおすすめしますが、毎日の併用が難しいという場合は「ドクターレックス プレミアム」を基本としてお使いいただくことで、体の基礎を整えるための栄養素をバランスよく補うことができます。「レクステラ プレミアムセブン」は、どんよりとした日やここぞというときに、スポット的にお使いいただくのがおすすめです。

また、どちらか一方を選ぶ場合、栄養バランスを重視する方は「ドクターレックス プレミアム」、全体的な健康と基礎サポートを目指す方は「レクステラ プレミアムセブン」という使い方がおすすめです。

◎すこやかな皮膚を保つために最適な珪素クリーム

皮膚の形成に欠かせない必須ミネラルの一つである珪素は、すこやかな皮膚を保つために欠かせません。「レクステラ クリーム」は、全身に使える天然ミネラルクリームです。珪素はもちろん、数百キロの原料を精製・濃縮し、最終的にはわずか数キロしか取れない貴重な天然ミネラルを配合しています。合成着色料や香料などは使用せずに、原料から製造まで一貫して日本国内にこだわっています。濃縮されたクリームですので、そのまま塗布しても構いませんが、小豆大のクリームを手のひらに取り、精製水や化粧水と混ぜて乳液状にしてお使いいただくのもおすすめです。お肌のコンディションを選ばずに、老若男女どなたにも安心してお使いいただけます。

レクステラ クリーム
■ 50g　12,573円（税込）

●主な成分：水溶性珪素、岩石抽出物（高濃度ミネラル）、スクワラン、金、銀、ヒアルロン酸、プロポリス、アロエベラ、ミツロウ、αグルカン、アルニカ花エキス、カンゾウ根エキス、シロキクラゲ多糖体、アルギニン、ほか
●使用目安：２～３か月（フェイシャルケア）、約１か月（全身ケア）

◎植物性珪素と17種類の必須栄養素をバランスよく摂取

基準値量をクリアした、消費者庁が定める17種類の必須栄養素を含む、厳選された22の成分を配合したオールインワン・バランス栄養機能食品。体にはバランスのとれた食事が必要です。しかし、あらゆる栄養を同時に摂ろうとすれば、莫大な食費と手間がかかってしまうのも事実。医師監修のもと開発された「ドクターレックス プレミアム」なら、バランスのよい栄養補給ができ、健康の基礎をサポートします。

ドクターレックス プレミアム

■５粒×30包　8,640円（税込）

●原材料：フィッシュコラーゲンペプチド（国内製造）、デキストリン、もみ殻珪素パウダー、ザクロ果実エキス、ノコギリヤシエキス、植物性乳酸菌（殺菌）、ほか

●使用目安：１日あたり２包（栄養機能食品として）

◎珪素をはじめとする厳選した７成分で打ち勝つ力を強力サポート！

人体の臓器・器官を構成する「珪素」を手軽に補える錠剤タイプの「レクステラ プレミアムセブン」。高配合の植物性珪素を主体に、長年の本格研究によって数々の研究成果が発表された姫マツタケ、霊芝、フコイダン、β－グルカン、プロポリス、乳酸菌を贅沢に配合。相乗効果を期待した黄金比率が、あなたの健康を強力にサポートします。

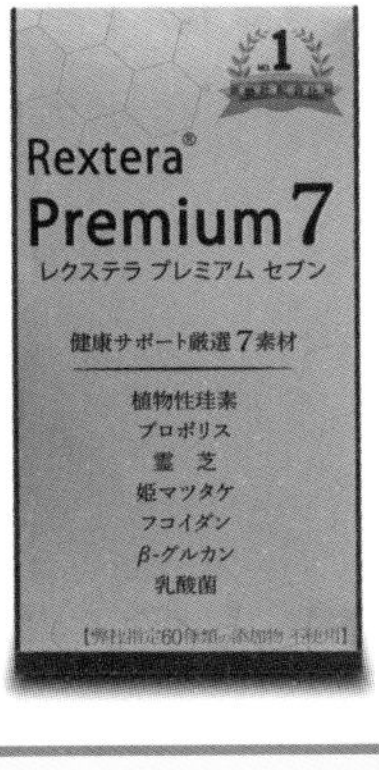

レクステラ プレミアムセブン

■ 180粒　21,600円（税込）

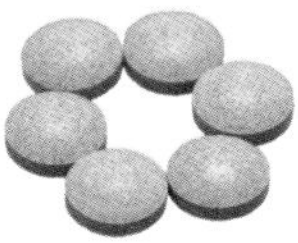

●原材料：もみ殻珪素パウダー（国産）、姫マツタケ（子実体細胞壁破壊粉末、菌糸体エキス）、霊芝細胞壁破壊末、デキストリン、モズク抽出エキス、ライススターチ、パン酵母抽出物、プロポリスエキス、乳酸菌 KT-11（殺菌）、ほか

●使用目安：１日６粒～

最高の高次元英才教育！
2021年度
NEO みろくスクール

講師：ドクタードルフィン校長

日程：
第１回　2021年４月３日（土）　11：00～12：00（終了）
第２回　2021年７月３日（土）　11：00～12：00
第３回　2021年10月30日（土）　11：00～12：00

参加料金：第２回・第３回
会場参加　96,300円　　Zoom 参加　36,900円

授業内容：
第２回　前半：NEO みろく国語、NEO みろく社会、NEO みろく算数、NEO みろく理科
　　　　後半：NEO みろく音楽、NEO みろく体育
第３回　前半：NEO みろく国語、NEO みろく社会、NEO みろく算数、NEO みろく理科
　　　　後半：NEO みろく家庭、NEO みろく技術

会場：
ご入金確認後、開催１週間前頃に会場のご連絡をいたします

ヒカルランド　好評既刊！

地上の星☆ヒカルランド　銀河より届く愛と叡智の宅配便

高次元シリウスが伝えたい
水晶（珪素）化する地球人の秘密
著者：ドクタードルフィン 松久 正
四六ソフト　本体 1,620円+税

ドクター・ドルフィンの
シリウス超医学
地球人の仕組みと進化
著者：∞ishi ドクタードルフィン 松久 正
四六ハード　本体 1,815円+税

ドクタードルフィンの
高次元DNAコード
覚醒への突然変異
著者：∞ishi ドクタードルフィン 松久 正
四六ハード　本体 1,815円+税

令和のDNA
0＝∞医学
著者：∞ishi ドクタードルフィン 松久 正
四六ハード　本体 1,800円+税

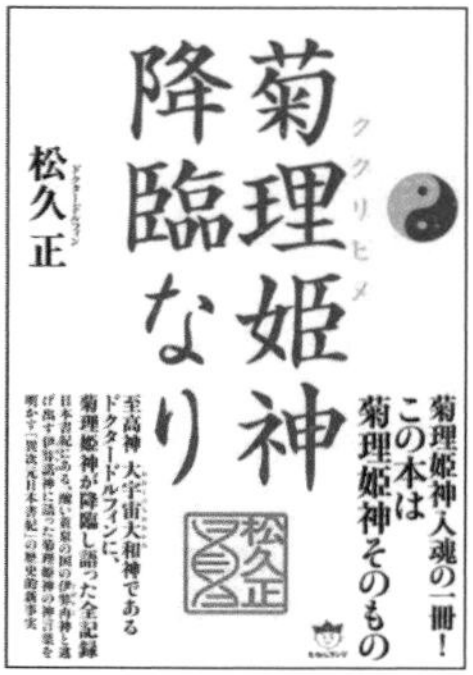

菊理姫（ククリヒメ）神降臨なり
著者：ドクタードルフィン 松久 正
四六ハード　本体 1,800円+税

宇宙からの覚醒爆弾
『炎上チルドレン』
著者：松久 正／池川 明／高橋 徳／胡桃のお／大久保真理／小笠原英晃
四六ソフト　本体 1,800円+税

ヒカルランド　好評既刊！

地上の星☆ヒカルランド　銀河より届く愛と叡智の宅配便

地球の悪役を超手術する！
イルミナティとフリーメイソンとドクタードルフィン
著者：88次元 Fa-A ドクタードルフィン 松久 正
四六ハード　本体 1,800円+税

ウィルスの愛と人類の進化
著者：88次元 Fa-A ドクタードルフィン 松久 正
四六ハード　本体 1,600円+税

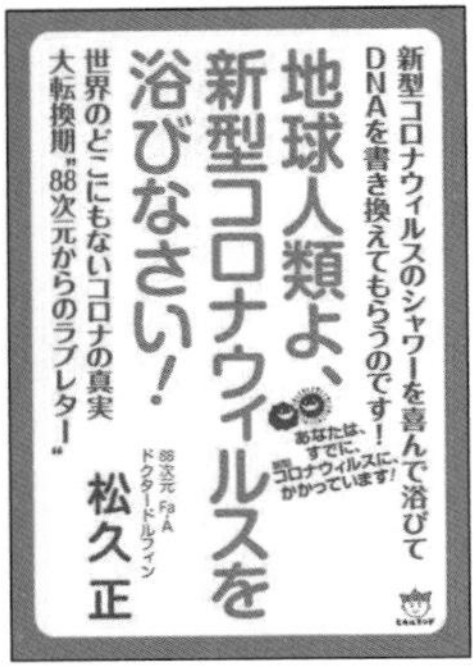

地球人類よ、新型コロナウィルスを浴びなさい！
著者：88次元 Fa-A ドクタードルフィン 松久 正
四六ハード　本体 1,800円+税

悩みも病気もないDNA
宇宙人になる方法
著者：88次元 Fa-A ドクタードルフィン 松久 正
四六ハード　本体 1,800円+税

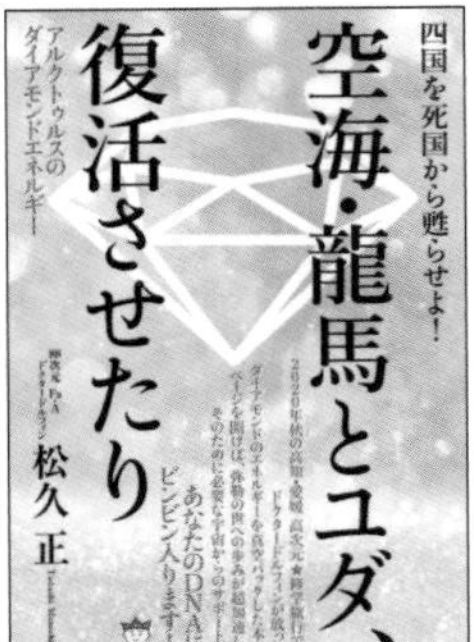

四国を死国から甦らせよ！
空海・龍馬とユダ、復活させたり
アルクトゥルスのダイアモンドエネルギー
著者：88次元 Fa-A ドクタードルフィン 松久 正
四六ハード　本体 2,000円+税